In this planner, you will find:

- **A quick-glance Dates to Remember section**
- **365 Daily to-do list, date notes, and sudoku puzzles**

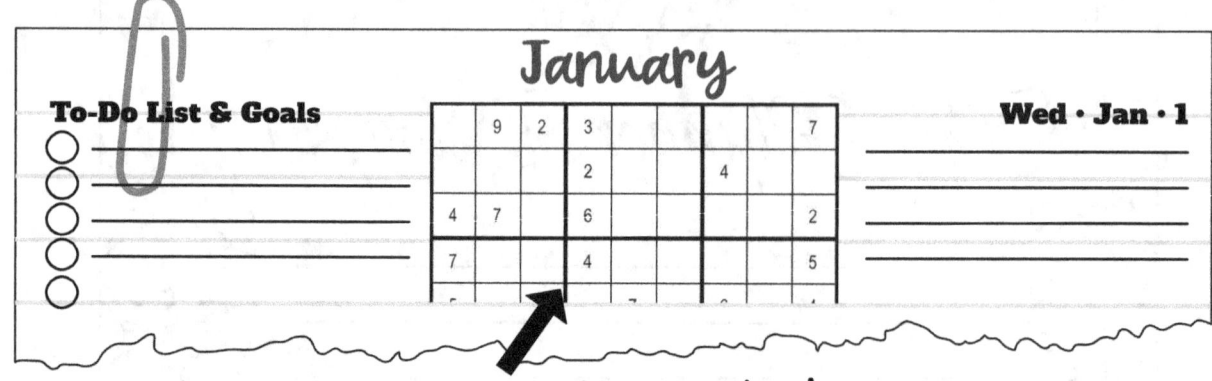

Solve a different Sudoku puzzle every day!

- **12 Monthly Calendar Pages**

- **12 Month in Review pages with dot grids**
- **Lined Note Pages at the end of each month**

© FLOWER PETAL PRESS

TO CHECK OUT OUR DESIGNS ON T-SHIRTS, MUGS & MORE, VISIT: HUNDREDTHMONKEYTEES.COM

get 10% off your first purchase of $35+ with coupon code: AMZTEN

JANUARY 2020

SU	MO	TU	WE	TH	FR	SA
			1	2	3	4
5	6	7	8	9	10	11
12	13	14	15	16	17	18
19	20	21	22	23	24	25
26	27	28	29	30	31	

FEBRUARY 2020

SU	MO	TU	WE	TH	FR	SA
						1
2	3	4	5	6	7	8
9	10	11	12	13	14	15
16	17	18	19	20	21	22
23	24	25	26	27	28	29

MARCH 2020

SU	MO	TU	WE	TH	FR	SA
1	2	3	4	5	6	7
8	9	10	11	12	13	14
15	16	17	18	19	20	21
22	23	24	25	26	27	28
29	30	31				

APRIL 2020

SU	MO	TU	WE	TH	FR	SA
			1	2	3	4
5	6	7	8	9	10	11
12	13	14	15	16	17	18
19	20	21	22	23	24	25
26	27	28	29	30		

MAY 2020

SU	MO	TU	WE	TH	FR	SA
					1	2
3	4	5	6	7	8	9
10	11	12	13	14	15	16
17	18	19	20	21	22	23
24	25	26	27	28	29	30
31						

JUNE 2020

SU	MO	TU	WE	TH	FR	SA
	1	2	3	4	5	6
7	8	9	10	11	12	13
14	15	16	17	18	19	20
21	22	23	24	25	26	27
28	29	30				

JULY 2020

SU	MO	TU	WE	TH	FR	SA
			1	2	3	4
5	6	7	8	9	10	11
12	13	14	15	16	17	18
19	20	21	22	23	24	25
26	27	28	29	30	31	

AUGUST 2020

SU	MO	TU	WE	TH	FR	SA
						1
2	3	4	5	6	7	8
9	10	11	12	13	14	15
16	17	18	19	20	21	22
23	24	25	26	27	28	29
30	31					

SEPTEMBER 2020

SU	MO	TU	WE	TH	FR	SA
		1	2	3	4	5
6	7	8	9	10	11	12
13	14	15	16	17	18	19
20	21	22	23	24	25	26
27	28	29	30			

OCTOBER 2020

SU	MO	TU	WE	TH	FR	SA
				1	2	3
4	5	6	7	8	9	10
11	12	13	14	15	16	17
18	19	20	21	22	23	24
25	26	27	28	29	30	31

NOVEMBER 2020

SU	MO	TU	WE	TH	FR	SA
1	2	3	4	5	6	7
8	9	10	11	12	13	14
15	16	17	18	19	20	21
22	23	24	25	26	27	28
29	30					

DECEMBER 2020

SU	MO	TU	WE	TH	FR	SA
		1	2	3	4	5
6	7	8	9	10	11	12
13	14	15	16	17	18	19
20	21	22	23	24	25	26
27	28	29	30	31		

Dates to Remember

January

February

March

July

August

September

Dates to Remember

April

May

June

October

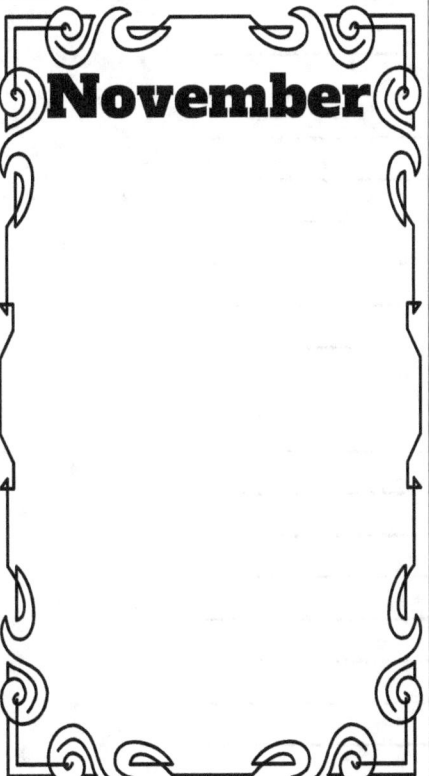
November

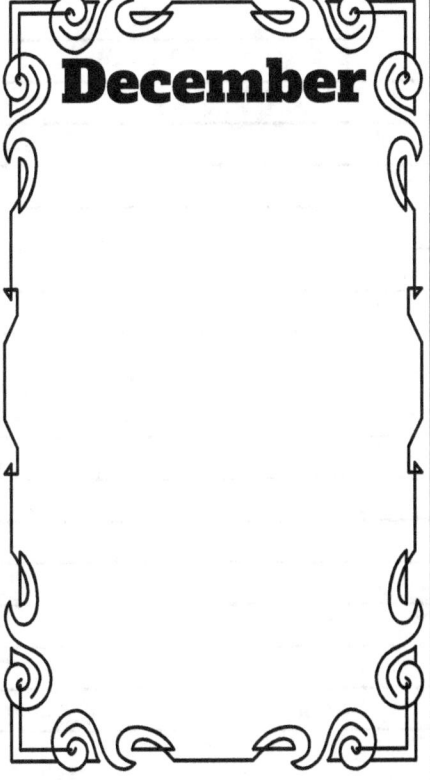
December

Notes

JANUARY 2020

SU	MO	TU	WE	TH	FR	SA
			1	2	3	4
5	6	7	8	9	10	11
12	13	14	15	16	17	18
19	20	21	22	23	24	25
26	27	28	29	30	31	

January

To-Do List & Goals
- _____
- _____
- _____
- _____
- _____
- _____
- _____
- _____
- _____
- _____

To-Do List & Goals
- _____
- _____
- _____
- _____
- _____
- _____
- _____
- _____
- _____
- _____

To-Do List & Goals
- _____
- _____
- _____
- _____
- _____
- _____
- _____
- _____
- _____
- _____

To-Do List & Goals
- _____
- _____
- _____
- _____
- _____
- _____
- _____
- _____
- _____
- _____

Wed · Jan · 1
_____
_____
_____
_____
_____
_____
_____
_____
_____
_____

Thu · Jan · 2
_____
_____
_____
_____
_____
_____
_____
_____
_____
_____

Fri · Jan · 3
_____
_____
_____
_____
_____
_____
_____
_____
_____
_____

Sat · Jan · 4
_____
_____
_____
_____
_____
_____
_____
_____
_____
_____

January

Sun · Jan · 5

_____
_____
_____
_____
_____
_____
_____
_____

9	7		3		5	4		
	5							6
				6		7	3	
			2	3				1
			4		8		2	
7		2				3	9	
						1	5	8
			5					
		8	6					3

To-Do List & Goals

○ _____
○ _____
○ _____
○ _____
○ _____
○ _____
○ _____
○ _____
○ _____

Mon · Jan · 6

_____
_____
_____
_____
_____
_____
_____
_____

6		9	2				7	
	3	5					8	2
8	1			7			4	
	7	8			1			5
		3	8					9
				5		3		8
3			6	8	7			4
	8				3			6
5					2			

To-Do List & Goals

○ _____
○ _____
○ _____
○ _____
○ _____
○ _____
○ _____
○ _____
○ _____

Tue · Jan · 7

_____
_____
_____
_____
_____
_____
_____
_____

4		2			7	9	5	
	3						1	
7	8							4
					5			
1	9			2				
			7	1				2
9	6	7			2	3	4	5
			5				2	6
	2		4		3		8	

To-Do List & Goals

○ _____
○ _____
○ _____
○ _____
○ _____
○ _____
○ _____
○ _____
○ _____

Wed · Jan · 8

_____
_____
_____
_____
_____
_____
_____
_____

		9	3				7	
		1	9		6	2	3	
		6		5	4	9		
2				4		3		
		7			3			1
1		4	6	9		7		
9			4					
		2				8	6	3
		5	2				9	

To-Do List & Goals

○ _____
○ _____
○ _____
○ _____
○ _____
○ _____
○ _____
○ _____
○ _____

January

To-Do List & Goals
- ○ _____
- ○ _____
- ○ _____
- ○ _____
- ○ _____
- ○ _____
- ○ _____
- ○ _____
- ○ _____

To-Do List & Goals
- ○ _____
- ○ _____
- ○ _____
- ○ _____
- ○ _____
- ○ _____
- ○ _____
- ○ _____
- ○ _____

To-Do List & Goals
- ○ _____
- ○ _____
- ○ _____
- ○ _____
- ○ _____
- ○ _____
- ○ _____
- ○ _____
- ○ _____

To-Do List & Goals
- ○ _____
- ○ _____
- ○ _____
- ○ _____
- ○ _____
- ○ _____
- ○ _____
- ○ _____
- ○ _____

Thu · Jan · 9

_____
_____
_____
_____
_____
_____
_____
_____
_____

Fri · Jan · 10

_____
_____
_____
_____
_____
_____
_____
_____
_____

Sat · Jan · 11

_____
_____
_____
_____
_____
_____
_____
_____
_____

Sun · Jan · 12

_____
_____
_____
_____
_____
_____
_____
_____
_____

Sudoku 1

			5	8			3	
				7		2		
	6	8					7	
	7	5				1		
8	1	5		9	7	6	3	
9			1					
		1		3	2	9		
7	8							
6			7	4		3		

Sudoku 2

						6		1
	2					3	9	8
3			6					
	7			3	5	9		4
	3					7		
	5		9	4			6	
7		1			6			5
				8				9
9		3	7				8	

Sudoku 3

	8			2		1	9	4
			1				8	
			8		4		3	7
	6			1	8	4		3
	7		4		2	8	1	9
4				9		6		2
1					3	7	4	5
		4	6					
	5	9			1		6	8

Sudoku 4

	8		6	2		1		3
					3		8	9
		9			4			
7		3				2		
	4			6			9	
9				4		2		6
							9	2
8	2	1				6	7	
					1		8	3

January

Mon · Jan · 13

_____
_____
_____
_____
_____
_____
_____

5	8			6	1		9	7
3	2		8					6
		6			2	8		
1				9		7	6	
2		5						
6	4				5			
8			5					4
	5	1		2	8	3	9	
	7		4		3			

To-Do List & Goals

○○○○○○○○○○

Tue · Jan · 14

_____
_____
_____
_____
_____
_____
_____

					8			3
7	9		5	6				8
					2	9		
	4		6	7			3	1
		6		1				2
2		9		4			1	
	6	4		5				9
5	1				9	6		4

To-Do List & Goals

○○○○○○○○○○

Wed · Jan · 15

_____
_____
_____
_____
_____
_____
_____

	9	1			6			
	6	4		9	8	2	3	
				4				9
9	8				7			6
		5	9		4	1		
		2		6				
		6		7		3	4	
						9	1	2
				5		6	8	7

To-Do List & Goals

○○○○○○○○○○

Thu · Jan · 16

_____
_____
_____
_____
_____
_____
_____

9		7			1		5	
		2				8		4
			5	2	8		3	
	3		2		4	6	7	5
			3	1			4	
6							8	
	1		8					
	9					5		7
					9		6	

To-Do List & Goals

○○○○○○○○○○

January

To-Do List & Goals
- ○ _____
- ○ _____
- ○ _____
- ○ _____
- ○ _____
- ○ _____
- ○ _____
- ○ _____

Fri · Jan · 17

Puzzle 1:
			6		9			8
1	3	6	5				9	
8	9			2	1			
7				8			6	
3		9		5	6			2
	6		9			3	7	
	8						5	
		3						6
			2		3			

To-Do List & Goals
- ○ _____
- ○ _____
- ○ _____
- ○ _____
- ○ _____
- ○ _____
- ○ _____
- ○ _____

Sat · Jan · 18

Puzzle 2:
		4		5	2			
	7	3	6					
					3	8	4	
8						1		
1		7		2	6			
					5		6	4
	9						8	6
6	3	5	7	4				9
	1		2	6		5		

To-Do List & Goals
- ○ _____
- ○ _____
- ○ _____
- ○ _____
- ○ _____
- ○ _____
- ○ _____
- ○ _____

Sun · Jan · 19

Puzzle 3:
	1			3				5
	5	6		2		4	8	
2		8						6
3				1		8		7
				9				
6	2			7	4	3	1	
		9			5			
5	6							8
			7			5	4	

To-Do List & Goals
- ○ _____
- ○ _____
- ○ _____
- ○ _____
- ○ _____
- ○ _____
- ○ _____
- ○ _____

Mon · Jan · 20

Puzzle 4:
	2		4	7				
		7		3			1	2
	4	1						
3			1	8	5			
	1						5	
		5	7			1	4	
	9		6					
		6	8	2	3			
	3	2			4	6	7	

January

Tue · Jan · 21

_____
_____
_____
_____
_____
_____
_____
_____

			8		2	4		
5				7			6	2
2	6	1		9	4	8	7	
7								
			2		3	6		
9			7	5	6	2		
	1	2	4		5	7	8	
	7	9					2	
			9	2			4	

To-Do List & Goals

○ _____
○ _____
○ _____
○ _____
○ _____
○ _____
○ _____
○ _____

Wed · Jan · 22

_____
_____
_____
_____
_____
_____
_____
_____

1					4	9		
	9	4						
2	5				3		6	1
	6		3			1		2
		3	6					9
			9	4				
	4		8	7				6
			4	2	9		3	8
	7			3			1	

To-Do List & Goals

○ _____
○ _____
○ _____
○ _____
○ _____
○ _____
○ _____
○ _____

Thu · Jan · 23

_____
_____
_____
_____
_____
_____
_____
_____

7	4						1	
		2	3		8		7	9
3	6			7	1			
	7		2	8				
			7	3		6		5
		3			4		2	7
	5							
	2	7					3	1
	3	6				5		

To-Do List & Goals

○ _____
○ _____
○ _____
○ _____
○ _____
○ _____
○ _____
○ _____

Fri · Jan · 24

_____
_____
_____
_____
_____
_____
_____
_____

							8	
	7			8		2		5
	2				1			
			1	4				
		9		7	5			
7	5				6			2
	8	7			4	3	2	6
5					7	9		1
	1		3		2			

To-Do List & Goals

○ _____
○ _____
○ _____
○ _____
○ _____
○ _____
○ _____
○ _____

January

To-Do List & Goals
- ○ _____
- ○ _____
- ○ _____
- ○ _____
- ○ _____
- ○ _____
- ○ _____
- ○ _____
- ○ _____

Sat · Jan · 25

_____
_____
_____
_____
_____
_____
_____
_____
_____

To-Do List & Goals
- ○ _____
- ○ _____
- ○ _____
- ○ _____
- ○ _____
- ○ _____
- ○ _____
- ○ _____
- ○ _____

Sun · Jan · 26

_____
_____
_____
_____
_____
_____
_____
_____
_____

To-Do List & Goals
- ○ _____
- ○ _____
- ○ _____
- ○ _____
- ○ _____
- ○ _____
- ○ _____
- ○ _____
- ○ _____

Mon · Jan · 27

_____
_____
_____
_____
_____
_____
_____
_____
_____

To-Do List & Goals
- ○ _____
- ○ _____
- ○ _____
- ○ _____
- ○ _____
- ○ _____
- ○ _____
- ○ _____
- ○ _____

Tue · Jan · 28

_____
_____
_____
_____
_____
_____
_____
_____
_____

January

Wed · Jan · 29

_____
_____
_____
_____
_____
_____
_____
_____

			1	2				4
	9				3	8		
					9	6	2	
4	5		2		7	3	8	
	8	9	3				6	
	4	3						
9			7	4	6		5	
		6					4	8

To-Do List & Goals

_____ ○
_____ ○
_____ ○
_____ ○
_____ ○
_____ ○
_____ ○
_____ ○

Thu · Jan · 30

_____
_____
_____
_____
_____
_____
_____
_____

1	4	5	8	3	2	9	7	6
9	2	6	4	7		8		1
8		3	9	1	6		2	5
	5		3	9	4		1	2
4	1	9		2	7		5	8
	3		5		1		4	9
		7	1	6	3	5		4
5	9	1		4		2	6	3
3		4	2	5	9	1	8	7

To-Do List & Goals

_____ ○
_____ ○
_____ ○
_____ ○
_____ ○
_____ ○
_____ ○
_____ ○

Fri · Jan · 31

_____
_____
_____
_____
_____
_____
_____
_____

						5	9	3
		2	8	9				7
4		3				8		
8	4		1					
1	2				6			
			9	4				5
	8	1				6	4	
						7		9
			4		3			

To-Do List & Goals

_____ ○
_____ ○
_____ ○
_____ ○
_____ ○
_____ ○
_____ ○
_____ ○

January - Month in Review

Notes

Notes

FEBRUARY 2020

SU	MO	TU	WE	TH	FR	SA
						1
2	3	4	5	6	7	8
9	10	11	12	13	14	15
16	17	18	19	20	21	22
23	24	25	26	27	28	29

February

To-Do List & Goals

- ○ _____
- ○ _____
- ○ _____
- ○ _____
- ○ _____
- ○ _____
- ○ _____
- ○ _____
- ○ _____

Sat · Feb · 1

5	3	6	4		8			7
	1		6			3	4	
		7	3				5	6
7	9	5	1	3	6	4	8	
	4						9	5
	2		5	4		1		
		9						4
8		1		6				
	5			7			6	1

To-Do List & Goals

- ○ _____
- ○ _____
- ○ _____
- ○ _____
- ○ _____
- ○ _____
- ○ _____
- ○ _____
- ○ _____

Sun · Feb · 2

		8		9				4
	1			2	4			5
3		5			8		1	
	5	7						
6					7	5		
							4	7
5				8		2		
	9	4	5	3		7		8
	7			4	9		5	2

To-Do List & Goals

- ○ _____
- ○ _____
- ○ _____
- ○ _____
- ○ _____
- ○ _____
- ○ _____
- ○ _____
- ○ _____

Mon · Feb · 3

5	7							
		3		8				
4				2				
		8		9	1		7	2
9	2				7			3
7		6	8			5		
					8	2		
2	9	4		1			8	5
				4		1	3	

To-Do List & Goals

- ○ _____
- ○ _____
- ○ _____
- ○ _____
- ○ _____
- ○ _____
- ○ _____
- ○ _____
- ○ _____

Tue · Feb · 4

		1	3	8		7		
	5	2	4		9	3		1
			1	5				4
3				6	4			9
	2		8			5	4	
	9	5	3	7		8		6
			6			2		7
2	7		9		5		3	
9	6		7	2	3		1	5

February

Wed · Feb · 5

_____
_____
_____
_____
_____
_____
_____
_____

7			2	8	4		9	
8		9		1	5	4		
5	4		6	9		8		
	5		1	6	3		4	
		6		2		1	5	8
1		7	4			2	3	
9				4			7	
6	7		5	3	1			
	8	4	9	7	2	6	1	

To-Do List & Goals

○ _____
○ _____
○ _____
○ _____
○ _____
○ _____
○ _____
○ _____

Thu · Feb · 6

_____
_____
_____
_____
_____
_____
_____
_____

4							2	9
			2			1		
8		1				6		7
				9	5		6	
5			8	6				
2					3		1	8
		6		2				
				9				3
3	8				4		7	6

To-Do List & Goals

○ _____
○ _____
○ _____
○ _____
○ _____
○ _____
○ _____
○ _____

Fri · Feb · 7

_____
_____
_____
_____
_____
_____
_____
_____

1			3	2	6			
9		7					8	
				8				
7	5	8		1	9	3		
		9				5		2
			7	5			9	1
					1		3	
	6		5	3		9		
	9	3					4	

To-Do List & Goals

○ _____
○ _____
○ _____
○ _____
○ _____
○ _____
○ _____
○ _____

Sat · Feb · 8

_____
_____
_____
_____
_____
_____
_____
_____

		9			8		1	6
		8	9		6	2	4	7
	3			1				
5	7		8		1			
8		4					2	
3	9			6		5		
		6			9			
					5	4	6	8

To-Do List & Goals

○ _____
○ _____
○ _____
○ _____
○ _____
○ _____
○ _____
○ _____

February

To-Do List & Goals
- ○ _____
- ○ _____
- ○ _____
- ○ _____
- ○ _____
- ○ _____
- ○ _____
- ○ _____
- ○ _____

To-Do List & Goals
- ○ _____
- ○ _____
- ○ _____
- ○ _____
- ○ _____
- ○ _____
- ○ _____
- ○ _____
- ○ _____

To-Do List & Goals
- ○ _____
- ○ _____
- ○ _____
- ○ _____
- ○ _____
- ○ _____
- ○ _____
- ○ _____
- ○ _____

To-Do List & Goals
- ○ _____
- ○ _____
- ○ _____
- ○ _____
- ○ _____
- ○ _____
- ○ _____
- ○ _____
- ○ _____

Sun · Feb · 9

Mon · Feb · 10

Tue · Feb · 11

Wed · Feb · 12

Sudoku 1 (Sun Feb 9)

5				8		9		
					9		3	
				3			7	6
	8		1				6	4
6			9					
7		1						3
8		5	6					
		6			5	1	8	
		4	8		7	6		5

Sudoku 2 (Mon Feb 10)

		1						
			8	9	2	1		4
	4		3			8		7
1	6	5		8	3	4		
4						6	1	
9				6				
3	9		6			7		
	1			7			4	
	5	6		3	4		8	

Sudoku 3 (Tue Feb 11)

	6				2			
								1
8			1					9
9				4				
			8	3		5	9	7
		1			7	8		
		4			8		6	
6	1	2	3					
	5				4	7	1	

Sudoku 4 (Wed Feb 12)

	6						3	2
2			9					
3	7		2					
		3	4			2	1	
		6	3				9	7
	1	4						
1	4			2	6		5	
				9		2		8
6	9	2	8			7		

February

Thu · Feb · 13

_____
_____
_____
_____
_____
_____
_____

4	8	1		6				2
			1		5		4	3
6	3	5						
1							2	
2					3	7	8	4
8		3					5	9
		8			9		3	
3	9							
		2	5					

To-Do List & Goals

_____ ○
_____ ○
_____ ○
_____ ○
_____ ○
_____ ○
_____ ○
_____ ○
_____ ○

Fri · Feb · 14

_____
_____
_____
_____
_____
_____
_____

		9		1				
	8	4	9	3	5	2	1	6
5		2			6		9	3
	5		2			6	7	
		7		4				
2	9	8		5	7		4	
1	7	5	3		4		2	
9	4		5	2	8	1	3	7
				9	1			4

To-Do List & Goals

_____ ○
_____ ○
_____ ○
_____ ○
_____ ○
_____ ○
_____ ○
_____ ○
_____ ○

Sat · Feb · 15

_____
_____
_____
_____
_____
_____
_____

	1	8	5					
	9			8				7
4				2	6			
	6		9		7			3
	8	1			5	7	4	6
		7				1	9	
7			4	5				
	5	6			9		1	
	4		6	8				

To-Do List & Goals

_____ ○
_____ ○
_____ ○
_____ ○
_____ ○
_____ ○
_____ ○
_____ ○
_____ ○

Sun · Feb · 16

_____
_____
_____
_____
_____
_____
_____

8				9		3	4	
				3		9	7	2
3		7				6		
	3				8			
2	4			1			5	6
	1		6	5				
	8				7		1	9
		1			5			
		6				8		

To-Do List & Goals

_____ ○
_____ ○
_____ ○
_____ ○
_____ ○
_____ ○
_____ ○
_____ ○
_____ ○

February

To-Do List & Goals
- _____
- _____
- _____
- _____
- _____
- _____
- _____
- _____
- _____
- _____

To-Do List & Goals
- _____
- _____
- _____
- _____
- _____
- _____
- _____
- _____
- _____
- _____

To-Do List & Goals
- _____
- _____
- _____
- _____
- _____
- _____
- _____
- _____
- _____
- _____

To-Do List & Goals
- _____
- _____
- _____
- _____
- _____
- _____
- _____
- _____
- _____
- _____

Mon · Feb · 17

Tue · Feb · 18

Wed · Feb · 19

Thu · Feb · 20

Sudoku 1

3			8	9	6			
		9		1		5		6
6	7	1	2	5			8	9
1	3		5	2	9			
9	2				1	3		
5	6	7			8		9	
4	9				5	6		
7	1					8		4
		2	4	6	7			

Sudoku 2

4		6		8				3
3	8		1			7		
		7	9	3	2			
		3	6					
	4		3			5		
5	1	8		4			3	
						6		
			8			1	7	
9		1	4					2

Sudoku 3

	5	9						
8	2		5		3	7		1
		1		6			9	3
	6	8	1	3	5	4		
	9			6		2		
	1	3					8	5
9	8	7	3	5	6			
	4	5		2	9	3		
6			4				5	8

Sudoku 4

9	5	1			7	6		
		2	1	5			7	
8	7		6			5		
	2		5	9		3		
						7	2	
				2				
		4			2			7
	3							
7			8	6		2		9

February

Fri · Feb · 21

_____
_____
_____
_____
_____
_____
_____
_____

	1							6
		9	6	5			2	
			4	3	2			
9						3	8	
	5			1	6			
	7				3	9	6	5
6	9	5				1		
				2			9	
	4	2	7	6				

To-Do List & Goals

○ _____
○ _____
○ _____
○ _____
○ _____
○ _____
○ _____
○ _____
○ _____

Sat · Feb · 22

_____
_____
_____
_____
_____
_____
_____
_____

	6	8	7				5	
5	1		8					7
	9		5		2			
9	7	5						1
8		2		5	1		7	6
6	3	1		9		8	2	
	5	6		3		7	8	2
7	8		1					3
3	2	9			8		1	4

To-Do List & Goals

○ _____
○ _____
○ _____
○ _____
○ _____
○ _____
○ _____
○ _____
○ _____

Sun · Feb · 23

_____
_____
_____
_____
_____
_____
_____
_____

		6		9	1	7	8	
		8			6		5	4
	5		4	7				
	9	2	8			5		1
4								
5	8					9		
7	1				9			
						8		5
	6				2		9	7

To-Do List & Goals

○ _____
○ _____
○ _____
○ _____
○ _____
○ _____
○ _____
○ _____
○ _____

Mon · Feb · 24

_____
_____
_____
_____
_____
_____
_____
_____

	5				7	9		
	9			8	2	3		4
4		3	7	9	1			2
	8		9					
9	1					2		
		2		4	8			
	2	6				8		
						6	4	3
		9		7		1		

To-Do List & Goals

○ _____
○ _____
○ _____
○ _____
○ _____
○ _____
○ _____
○ _____
○ _____

February

To-Do List & Goals
- _____
- _____
- _____
- _____
- _____
- _____
- _____
- _____
- _____

To-Do List & Goals
- _____
- _____
- _____
- _____
- _____
- _____
- _____
- _____
- _____

To-Do List & Goals
- _____
- _____
- _____
- _____
- _____
- _____
- _____
- _____
- _____

To-Do List & Goals
- _____
- _____
- _____
- _____
- _____
- _____
- _____
- _____
- _____

Tue · Feb · 25

Wed · Feb · 26

Thu · Feb · 27

Fri · Feb · 28

Puzzle 1

			4	7	2	8		
4	6			9			7	
		3	5		1			
	4				3			7
	1					5	8	
		3	5	1	8	4		
	3				9	2	5	
		2				7	4	8
	2		6	4			3	

Puzzle 2

2		4		6		7		
							2	
	5		2	7	3			
					1			7
	3		4	8	2	1		
	4	9		3	5	8		
	6							1
8		1		5				9
	2			1	4	3	7	

Puzzle 3

	4	9					7	
			1		8			
			7	3	9	4		5
2		5	8					
			6	1	5	7		
4					2			
	6		9			1		
	3	8		6			4	
					3		5	9

Puzzle 4

	8			9		6		1
		3			4		9	
		6			2	8	3	4
7					9			6
6	2		4	8		1		3
	4		6		5			
			4	1	3	6		5
						9	1	
1					6			8

February

Sat · Feb · 29

_____
_____
_____
_____
_____
_____
_____
_____

	8	1					3	
	3	9		8	4		6	
				1			4	5
1		3			9			
7	5			4				
9		4		2				3
3		5	4	6	7	9	2	
		2						4
8						5		

To-Do List & Goals

- _____
- _____
- _____
- _____
- _____
- _____
- _____
- _____

February - Month in Review

Notes

Notes

MARCH 2020

SU	MO	TU	WE	TH	FR	SA
1	2	3	4	5	6	7
8	9	10	11	12	13	14
15	16	17	18	19	20	21
22	23	24	25	26	27	28
29	30	31				

March

To-Do List & Goals
- ○ _____
- ○ _____
- ○ _____
- ○ _____
- ○ _____
- ○ _____
- ○ _____
- ○ _____

Sun · Mar · 1

	4	6						
8				3	7			
			5	6		4	8	9
				1		6		
4	6			9	5	8		
	3		8	2	6			
	5					9	6	8
6		8		5				
7	9	2				5	3	

To-Do List & Goals
- ○ _____
- ○ _____
- ○ _____
- ○ _____
- ○ _____
- ○ _____
- ○ _____
- ○ _____

Mon · Mar · 2

	2							
	3	1		9			7	
	9							
				8	2			5
			5		3	7	4	9
4	1				9	2		3
			6				9	
				4		3		8
6				7		1		

To-Do List & Goals
- ○ _____
- ○ _____
- ○ _____
- ○ _____
- ○ _____
- ○ _____
- ○ _____
- ○ _____

Tue · Mar · 3

			4				7	3
1		4					6	
				6	2			9
	6		1		7	3		4
7	1							
		3				1	2	
	7	9	6		5			
		8		4				5
					3	9	8	6

To-Do List & Goals
- ○ _____
- ○ _____
- ○ _____
- ○ _____
- ○ _____
- ○ _____
- ○ _____
- ○ _____

Wed · Mar · 4

								5
	9			2		8		
	4				3	6		
5		9	2	4	7	3		
		3			9	4		
4	7					1		9
		6		1			4	
	5		3	9			6	
9			7					1

March

Thu · Mar · 5

_____
_____
_____
_____
_____
_____
_____
_____
_____
_____

	7	8	4	3		1		
4								3
1	3			5	8			
			1	2	7	6	4	
	2	6		8			3	
3				7			9	
	4			6				5
		1	3				7	

To-Do List & Goals

_____ ○
_____ ○
_____ ○
_____ ○
_____ ○
_____ ○
_____ ○
_____ ○
_____ ○
_____ ○

Fri · Mar · 6

_____
_____
_____
_____
_____
_____
_____
_____
_____
_____

	3	5	1					
6			7		4			
7	1					5		
	8	1				6	7	
5	6						8	
			8		1	2		5
	9		4		5	8	1	
	5		3	7			4	
	4	8						

To-Do List & Goals

_____ ○
_____ ○
_____ ○
_____ ○
_____ ○
_____ ○
_____ ○
_____ ○
_____ ○
_____ ○

Sat · Mar · 7

_____
_____
_____
_____
_____
_____
_____
_____
_____
_____

9		7				4		
	6		4		7	2		
	1		9	6	5			8
6			2		8			3
3			5					
7	2					9		
				4	3		2	
		4				5	6	
		8	7			1		

To-Do List & Goals

_____ ○
_____ ○
_____ ○
_____ ○
_____ ○
_____ ○
_____ ○
_____ ○
_____ ○
_____ ○

Sun · Mar · 8

_____
_____
_____
_____
_____
_____
_____
_____
_____
_____

		4				5		
8				5		1		2
	2	5	6		7		8	
	3		4				7	5
	6			7				
	5			2	3	4		
	8			1				
		3			2		6	
2								8

To-Do List & Goals

_____ ○
_____ ○
_____ ○
_____ ○
_____ ○
_____ ○
_____ ○
_____ ○
_____ ○
_____ ○

March

To-Do List & Goals
- ○ _____
- ○ _____
- ○ _____
- ○ _____
- ○ _____
- ○ _____
- ○ _____
- ○ _____
- ○ _____
- ○ _____

Mon · Mar · 9

Sudoku:
			2				8	5
			3			9		
		8	6	4		7	3	
		9			4	6		
6				8		5		3
7	8	1		3	6	4		
		4						
	3			9			5	6
		6	1					

To-Do List & Goals
- ○ _____
- ○ _____
- ○ _____
- ○ _____
- ○ _____
- ○ _____
- ○ _____
- ○ _____
- ○ _____
- ○ _____

Tue · Mar · 10

Sudoku:
			2	1		4	5	
	1	3		5		2		
2			4	8			3	
		4	5			2		
	5		7			9		
	8					5	1	
3					4			7
	1	7		6				2
	6						8	1

To-Do List & Goals
- ○ _____
- ○ _____
- ○ _____
- ○ _____
- ○ _____
- ○ _____
- ○ _____
- ○ _____
- ○ _____
- ○ _____

Wed · Mar · 11

Sudoku:
1	7		9	6		8		3
9		3	7	8	1	5		
		8		4	2			7
8			5		7	4	3	1
							8	
3				9		2		6
					6		9	5
	6				8		7	
			1			6		

To-Do List & Goals
- ○ _____
- ○ _____
- ○ _____
- ○ _____
- ○ _____
- ○ _____
- ○ _____
- ○ _____
- ○ _____
- ○ _____

Thu · Mar · 12

Sudoku:
8	6		4		7			5
	9			8	6			
						1		
	2					4		9
9					2		5	
6	4	3	7			2	1	
		7	8	3				
			6	7			4	
				9				

March

Fri · Mar · 13

1				5				8
					3	1	6	
				1				2
		9		4		2		6
2			7				5	1
3		5		9		7		
5		2	1					
6			5			4		
4	9					8		

To-Do List & Goals

Sat · Mar · 14

	5	2				4		
					2		5	
	8	6			5	7	1	2
	7							4
6		3					8	
	2				8	5		3
2				7				
9	6	1	8					7
		7			1	6	3	5

To-Do List & Goals

Sun · Mar · 15

4		6	7		1		5	
		5	4					1
	7			9		2		
						7		4
6		4	5	1				9
						3		
	6	9	3					
2		1	6					5

To-Do List & Goals

Mon · Mar · 16

	9				7	8		5
2		6	9	5			1	
1				4			6	9
	7		5					
9				1				
	4				2	1		6
		5						
	3	2	4		6		8	
	1		3			6	4	2

To-Do List & Goals

March

To-Do List & Goals
- _____
- _____
- _____
- _____
- _____
- _____
- _____
- _____
- _____
- _____

To-Do List & Goals
- _____
- _____
- _____
- _____
- _____
- _____
- _____
- _____
- _____
- _____

To-Do List & Goals
- _____
- _____
- _____
- _____
- _____
- _____
- _____
- _____
- _____
- _____

To-Do List & Goals
- _____
- _____
- _____
- _____
- _____
- _____
- _____
- _____
- _____
- _____

Tue · Mar · 17
_____
_____
_____
_____
_____
_____
_____
_____
_____
_____

Wed · Mar · 18
_____
_____
_____
_____
_____
_____
_____
_____
_____
_____

Thu · Mar · 19
_____
_____
_____
_____
_____
_____
_____
_____
_____
_____

Fri · Mar · 20
_____
_____
_____
_____
_____
_____
_____
_____
_____
_____

Sudoku 1

9				2		6	4	
	5	2				1	3	7
	8	6	1			5		
2	1	9	7					6
6		5				9	7	8
8	4	7				2	1	3
	2	3	4	1	7	6	8	9
	6			9			7	5
		8		2	6	3	4	

Sudoku 2

	8	2		4				9
5			7	9			4	3
4				5	6			7
		3	4	2				6
			5				1	4
							8	5
		4		7			3	
3	9		2					1
				3	9		7	2

Sudoku 3

	2	9				5		8
	8	3		2	4	6	7	9
5		7		9	1			4
9	5	8						1
		1	9	4			6	7
	4	6	1	8	2		5	3
6	7		2	3				
3			4			7	9	6
8	9	5		1	7	3	4	

Sudoku 4

2	7				8		5	
1				6	7			
9						2		4
			7	3		9	1	
				6		4		
		9					2	
	8		4	1			9	
6					9		4	1
				8		6		

March

Sat · Mar · 21

_____
_____
_____
_____
_____
_____
_____
_____

6	2	7		3				9
3			9	2	1			7
		5				8		2
8	5	9		1		4	7	
2	3			7		5		
4	7				6	2	9	
5	1	3	2					
			1	4				
						3	1	

To-Do List & Goals

○ _____
○ _____
○ _____
○ _____
○ _____
○ _____
○ _____
○ _____

Sun · Mar · 22

_____
_____
_____
_____
_____
_____
_____
_____

9	4							
		3			5	6		
8		5	2	7	3		9	4
1			9	4	8			2
		4						6
5	2			1	7			
		2	1			7		
	5			3				
4						3		

To-Do List & Goals

○ _____
○ _____
○ _____
○ _____
○ _____
○ _____
○ _____
○ _____

Mon · Mar · 23

_____
_____
_____
_____
_____
_____
_____
_____

		1	9		6		7	
6		4				3		9
	5		1	4				
5	1		3		9			
				7				
4		7						2
	4	3	5		1		2	
	2	5	4		3	1		
1		8			5			

To-Do List & Goals

○ _____
○ _____
○ _____
○ _____
○ _____
○ _____
○ _____
○ _____

Tue · Mar · 24

_____
_____
_____
_____
_____
_____
_____
_____

	8							
				9	4		8	
		1		6	7	2	5	
5		8				4		
6	9					7	2	
	1							5
	6	7			2			
8					6	9		3
				4		1		

To-Do List & Goals

○ _____
○ _____
○ _____
○ _____
○ _____
○ _____
○ _____
○ _____

March

To-Do List & Goals
- ___
- ___
- ___
- ___
- ___
- ___
- ___
- ___
- ___
- ___

To-Do List & Goals
- ___
- ___
- ___
- ___
- ___
- ___
- ___
- ___
- ___
- ___

To-Do List & Goals
- ___
- ___
- ___
- ___
- ___
- ___
- ___
- ___
- ___
- ___

To-Do List & Goals
- ___
- ___
- ___
- ___
- ___
- ___
- ___
- ___
- ___
- ___

Wed · Mar · 25

Thu · Mar · 26

Fri · Mar · 27

Sat · Mar · 28

March

Sun · Mar · 29

_____
_____
_____
_____
_____
_____
_____
_____

Mon · Mar · 30

_____
_____
_____
_____
_____
_____
_____
_____

Tue · Mar · 31

_____
_____
_____
_____
_____
_____
_____
_____

Sudoku 1 (Sun)

2	7	5	4					
6		3		2			4	
		8		3	5	2	1	
		6	2					
				6		3		9
1				8	9			
			1			8	3	
			5		9	1		
8	2							

Sudoku 2 (Mon)

4		5	7	9				8
1			4	8				
6	9		2	3				
3		9		6				
	6		1	4		9		
		1				7		
9			3			5		4
	8						9	
		6						

Sudoku 3 (Tue)

					9		4	1
4	2							
3		1				6	2	
	8	4						6
				8		4	7	3
9		6	7			4	8	2
	4	3	1	8				
			5	4	7		6	
6			9				1	

To-Do List & Goals

○ _____
○ _____
○ _____
○ _____
○ _____
○ _____
○ _____
○ _____

To-Do List & Goals

○ _____
○ _____
○ _____
○ _____
○ _____
○ _____
○ _____
○ _____

To-Do List & Goals

○ _____
○ _____
○ _____
○ _____
○ _____
○ _____
○ _____
○ _____

March - Month in Review

Notes

Notes

APRIL 2020

SU	MO	TU	WE	TH	FR	SA
			1	2	3	4
5	6	7	8	9	10	11
12	13	14	15	16	17	18
19	20	21	22	23	24	25
26	27	28	29	30		

April

To-Do List & Goals
- ○ _____
- ○ _____
- ○ _____
- ○ _____
- ○ _____
- ○ _____
- ○ _____
- ○ _____
- ○ _____

Wed · Apr · 1

To-Do List & Goals
- ○ _____
- ○ _____
- ○ _____
- ○ _____
- ○ _____
- ○ _____
- ○ _____
- ○ _____
- ○ _____

Thu · Apr · 2

To-Do List & Goals
- ○ _____
- ○ _____
- ○ _____
- ○ _____
- ○ _____
- ○ _____
- ○ _____
- ○ _____
- ○ _____

Fri · Apr · 3

To-Do List & Goals
- ○ _____
- ○ _____
- ○ _____
- ○ _____
- ○ _____
- ○ _____
- ○ _____
- ○ _____
- ○ _____

Sat · Apr · 4

April

Sun · Apr · 5

			9					
		3		8	1			
	1	5		4		6	8	3
	7	2	1					
3	5	6	8					
8	9	1	4		5			2
	2	7		5	4	1		
1				7	8			6
	8		6	1		4		7

To-Do List & Goals

Mon · Apr · 6

				4		5		
			5	8	1		2	4
4	5				6	9		
		3	7	5				
				1	9			
2					3	7	4	5
		6				1	7	
		4		3		2		
9	2			7	5			3

To-Do List & Goals

Tue · Apr · 7

		6		1				
7			5	3				9
5					4	2		1
2	6		3			1		
9		5	1		2			
						8		2
	2							5
	5	3	4	2		9		
1		4		6			2	

To-Do List & Goals

Wed · Apr · 8

6	8	9			1		3	
		7		8				
					7		8	
		1						5
8	4		2			1		
3	7	2	5		6		4	
					8		1	9
1			3	9				
		8						6

To-Do List & Goals

April

To-Do List & Goals
- ○ _____
- ○ _____
- ○ _____
- ○ _____
- ○ _____
- ○ _____
- ○ _____
- ○ _____
- ○ _____

Thu · Apr · 9

			2		3			
	6	3	4		8	7		1
		4	6	1				
8	7		1	6	2	3	4	
	3	2	9				1	
	5	6	8	3		9		7
	2					7	4	
6	4							9
		5			9	1		

To-Do List & Goals
- ○ _____
- ○ _____
- ○ _____
- ○ _____
- ○ _____
- ○ _____
- ○ _____
- ○ _____
- ○ _____

Fri · Apr · 10

			3		2	5		
2								3
	3		6	9	5	1		
	7							9
9		2					8	7
					4			
3		8		1	6			2
1					9			
7	6				4			8

To-Do List & Goals
- ○ _____
- ○ _____
- ○ _____
- ○ _____
- ○ _____
- ○ _____
- ○ _____
- ○ _____
- ○ _____

Sat · Apr · 11

		5			8	3		1
		3		2			7	8
1	2			9		5		6
	6		8				5	
4					6	7		
	5						6	
5		1				6		
	9			6			3	5
					3			7

To-Do List & Goals
- ○ _____
- ○ _____
- ○ _____
- ○ _____
- ○ _____
- ○ _____
- ○ _____
- ○ _____
- ○ _____

Sun · Apr · 12

4	7	3			1	9		2
1	6					8		4
		9		6		1		
				5	7			
		2		1	8			7
					2			6
	2	8	1		3			9
7	4		2			3		
	9	1					2	

April

Mon · Apr · 13

_____
_____
_____
_____
_____
_____
_____
_____
_____

			3			4	5	
2							9	
3		7		5				2
5				3				
		6			1			
1					8	6	3	5
9		8	2	1		7		
		2					1	3
6			9		4	5		8

To-Do List & Goals

○ _____
○ _____
○ _____
○ _____
○ _____
○ _____
○ _____
○ _____
○ _____

Tue · Apr · 14

_____
_____
_____
_____
_____
_____
_____
_____
_____

8	5	6			2		7	
2				7			3	
1		7	8		4			
	2	9		8	3	6		
4	8	3	5	1	6	7	9	
		1		4	9			
	4		1			9		
	1		4	3	7		5	
	7		9	2		4	1	

To-Do List & Goals

○ _____
○ _____
○ _____
○ _____
○ _____
○ _____
○ _____
○ _____
○ _____

Wed · Apr · 15

_____
_____
_____
_____
_____
_____
_____
_____
_____

						3		
6				9				5
		5	7	3				
			9	7	6		3	
	1						7	2
		8		1				6
7	3	1	4	5			6	
4		2	1	8	7			
	5		3		2			

To-Do List & Goals

○ _____
○ _____
○ _____
○ _____
○ _____
○ _____
○ _____
○ _____
○ _____

Thu · Apr · 16

_____
_____
_____
_____
_____
_____
_____
_____
_____

							2	
				7		3		
					5			7
			1		9	2		8
8				4				
9			2		7	1		6
		7	3	6			8	4
	3	7				6		2
4	2		5			7	1	3

To-Do List & Goals

○ _____
○ _____
○ _____
○ _____
○ _____
○ _____
○ _____
○ _____
○ _____

April

To-Do List & Goals
- _____
- _____
- _____
- _____
- _____
- _____
- _____
- _____
- _____

Fri · Apr · 17

To-Do List & Goals
- _____
- _____
- _____
- _____
- _____
- _____
- _____
- _____
- _____

Sat · Apr · 18

To-Do List & Goals
- _____
- _____
- _____
- _____
- _____
- _____
- _____
- _____
- _____

Sun · Apr · 19

To-Do List & Goals
- _____
- _____
- _____
- _____
- _____
- _____
- _____
- _____
- _____

Mon · Apr · 20

Puzzle 1

	7		1					2
	1				9	4	8	
					2	7		
	3				6			
	9	6		3				
8		1	7	9			6	
					8			4
		3	6	4	7		9	
	4	9	3			2	7	

Puzzle 2

2				5	9			
9	7	5		4			1	3
		1				5		
8	1	2		3		7	9	
		4				1		
	5						8	4
				2		4		
			4	6	1			5
			7				2	1

Puzzle 3

	6				2			
7		2						6
	9			5	6			
	3	4	9				5	
	7	9		2				3
		8		6	1	9		7
	1							
					8		6	2
	8	7		3				5

Puzzle 4

		1				3	8	6
2	6				9	4	7	
5							1	
1	9				7	2	5	4
	2			4		1		
4					2			7
3			4		6		9	
6	5			2		7	4	
		7	5	9	1		2	3

April

Tue · Apr · 21

_____
_____
_____
_____
_____
_____
_____
_____

1				8				
2	4		6			8		
5			2		9	1	7	
	4	2			7	6	3	
					5			
7	9		5		6	2		8
	7		6	1				
					9	6		
4		5	3				7	

To-Do List & Goals

○ _____
○ _____
○ _____
○ _____
○ _____
○ _____
○ _____
○ _____
○ _____
○ _____

Wed · Apr · 22

_____
_____
_____
_____
_____
_____
_____
_____

		4	7			9	2	
		6					4	
					1			
	1		8	5	7			
		5	1		7	8		
8			3	6				
		1				5		3
6		7	5			9		
	2	8				4		

To-Do List & Goals

○ _____
○ _____
○ _____
○ _____
○ _____
○ _____
○ _____
○ _____
○ _____
○ _____

Thu · Apr · 23

_____
_____
_____
_____
_____
_____
_____
_____

2				4	8		3	
4				5	1	8	6	2
	6					4	5	
			1	3				8
		8		6	4	7	1	
				8	9	6	2	
		2		9			8	
6		7			3			5
	9			1	6		7	

To-Do List & Goals

○ _____
○ _____
○ _____
○ _____
○ _____
○ _____
○ _____
○ _____
○ _____
○ _____

Fri · Apr · 24

_____
_____
_____
_____
_____
_____
_____
_____

1			3		5		9	
		9			7			2
	5				9		8	
2					3	7		
8						3		
5		3		2				6
	3	1				8	7	4
					8			
	8			7		1		

To-Do List & Goals

○ _____
○ _____
○ _____
○ _____
○ _____
○ _____
○ _____
○ _____
○ _____
○ _____

April

To-Do List & Goals
- ○ _____
- ○ _____
- ○ _____
- ○ _____
- ○ _____
- ○ _____
- ○ _____
- ○ _____
- ○ _____

Sat · Apr · 25

2			1		6			
	4			7			6	
	5		8	3		7	2	
							1	6
6	3						9	
		9		1	7		3	5
			4	8	3	1		2
7	1					6		
		3		6				4

To-Do List & Goals
- ○ _____
- ○ _____
- ○ _____
- ○ _____
- ○ _____
- ○ _____
- ○ _____
- ○ _____
- ○ _____

Sun · Apr · 26

	9		2	7				
	2		5				6	7
		4		1	6		2	5
	7		4	2		1	3	8
	8	1	7	3			5	
3	5	2						9
8		9		5		2		3
2		7	3			5		
		3	9			8		

To-Do List & Goals
- ○ _____
- ○ _____
- ○ _____
- ○ _____
- ○ _____
- ○ _____
- ○ _____
- ○ _____
- ○ _____

Mon · Apr · 27

5		1	9	7	3			
2				5	4	3	1	
			1	2			9	
9				3			8	
3			5	8		1		4
								5
	1					6	2	
7								
8		2	3			4		

To-Do List & Goals
- ○ _____
- ○ _____
- ○ _____
- ○ _____
- ○ _____
- ○ _____
- ○ _____
- ○ _____
- ○ _____

Tue · Apr · 28

2				8			1	9
	5			1	9	8	7	6
		8				4		3
8	6	1			3		4	5
			8				9	
								8
	3						5	1
		5	4	6			3	
			5	3		7	8	4

April

Wed · Apr · 29

_____
_____
_____
_____
_____
_____
_____
_____

7	1			4				
	4	8		9		7		2
	3					8		
	2			1		4		
					6		1	8
				4		5		6
5		7	8			1		
2					1		6	
				7		9		

To-Do List & Goals

_____ ○
_____ ○
_____ ○
_____ ○
_____ ○
_____ ○
_____ ○
_____ ○
_____ ○

Thu · Apr · 30

_____
_____
_____
_____
_____
_____
_____
_____

4	8	3		5			1	2
6	2	7	1			5	8	
	5							4
			5			2	7	8
		8		3		9		6
		5			6	3		
		6		7		1	2	
		2	6		5			3
			1	2	8			

To-Do List & Goals

_____ ○
_____ ○
_____ ○
_____ ○
_____ ○
_____ ○
_____ ○
_____ ○
_____ ○

April - Month in Review

Notes

Notes

MAY 2020

SU	MO	TU	WE	TH	FR	SA
					1	2
3	4	5	6	7	8	9
10	11	12	13	14	15	16
17	18	19	20	21	22	23
24	25	26	27	28	29	30
31						

May

To-Do List & Goals
- _____
- _____
- _____
- _____
- _____
- _____
- _____
- _____
- _____

To-Do List & Goals
- _____
- _____
- _____
- _____
- _____
- _____
- _____
- _____
- _____

To-Do List & Goals
- _____
- _____
- _____
- _____
- _____
- _____
- _____
- _____
- _____

To-Do List & Goals
- _____
- _____
- _____
- _____
- _____
- _____
- _____
- _____
- _____

Fri · May · 1

	5		3	4	8		6	
	4			9	2	1		5
				1				
		6	1					4
	1	3	2					
		8			5			2
			8	6		9	7	
8		7			3			1
3						2	4	

Sat · May · 2

				2		7		
	1				4			5
	8		3					
	6		4	1			9	
	5	1	9				3	
	9	7			2			4
	7		2	9				
		5	7	4	1	9		
9		3			8			1

Sun · May · 3

				8			2	
		7		3	1	9		
8	2				7	1		4
								7
	8				3		9	6
6		5		9				
5	4		3				7	
	7			4		6		
		3	5					1

Mon · May · 4

		4			6			
2	5		9			1		
7		1		2			3	
5				6			9	
8					2		6	5
		2				3	8	
3	7	8	2		4			
		5				4	7	3
	1	9		3	7		2	

May

Tue · May · 5

_____
_____
_____
_____
_____
_____
_____
_____

1						9		
2	3			4		5		
		8		1		3		2
		2				8	6	4
				2	8		7	9
		4						
		7	3		5			
5				9	7			
	6							5

To-Do List & Goals

○ _____
○ _____
○ _____
○ _____
○ _____
○ _____
○ _____
○ _____
○ _____

Wed · May · 6

_____
_____
_____
_____
_____
_____
_____
_____

	1	4				6		
			8					
				1	5	3		4
	4				1	2		
		9			7	1	5	
				6	3			
8	6	3			4			1
1	9	2		3			4	
	5		1	2				3

To-Do List & Goals

○ _____
○ _____
○ _____
○ _____
○ _____
○ _____
○ _____
○ _____
○ _____

Thu · May · 7

_____
_____
_____
_____
_____
_____
_____
_____

							9	
		1	6		3	8		
				9	5	2		
1								
		7		8				2
9			2	3		5	8	
		6						
	9		3	2	6	4		
	3	8		4				5

To-Do List & Goals

○ _____
○ _____
○ _____
○ _____
○ _____
○ _____
○ _____
○ _____
○ _____

Fri · May · 8

_____
_____
_____
_____
_____
_____
_____
_____

3	5					2		
		6			8			
	4			2		9		5
	8	4						
			2		6			
9			8	7		3		4
	3	8	5		2	7	4	
1			4		8		3	
	2			1	3			

To-Do List & Goals

○ _____
○ _____
○ _____
○ _____
○ _____
○ _____
○ _____
○ _____
○ _____

May

To-Do List & Goals
- _____
- _____
- _____
- _____
- _____
- _____
- _____
- _____
- _____

Sat · May · 9

7	9	1		3				6
2	4	5			6	3	1	9
	3			1	2	5		7
1			3		7	4		
4		9	6	2		1	3	8
6	2		1	4	8	7		5
5	1				3			4
9	6	4	2		1	8	5	
3	8			5	9	6		

To-Do List & Goals
- _____
- _____
- _____
- _____
- _____
- _____
- _____
- _____
- _____

Sun · May · 10

	1				9		8	
5				8				3
9	8	3		6	4			
						4	6	
							3	1
8				4	7		2	
							9	
1					2	6		
	2	7		1			5	8

To-Do List & Goals
- _____
- _____
- _____
- _____
- _____
- _____
- _____
- _____
- _____

Mon · May · 11

3				4			8	7
7				8	9	2		3
5	2	8		6				
						6		
				3	8	7	1	9
		2					5	
2			8		7	4		
8		4	3				7	
			4		5		3	

To-Do List & Goals
- _____
- _____
- _____
- _____
- _____
- _____
- _____
- _____
- _____

Tue · May · 12

4	3	8					9	
						5	2	
5							8	
				2			6	
9	5				4	8	1	
		6		3	5	4		
			2	7	8			6
8	7		3			2		
				4	9	7		

May

Wed · May · 13

_____
_____
_____
_____
_____
_____
_____
_____

To-Do List & Goals
○ _____
○ _____
○ _____
○ _____
○ _____
○ _____
○ _____
○ _____
○ _____
○ _____

			8		3		9	5
4				5	9	1	2	3
	9		1	6	2	4		
8	2			7		9	3	1
	1		9	2	8		6	
9	6		4		1			
		8	3	9			7	
		9	2	8	4	3		6
6		2	5				4	

Thu · May · 14

_____
_____
_____
_____
_____
_____
_____
_____

To-Do List & Goals
○ _____
○ _____
○ _____
○ _____
○ _____
○ _____
○ _____
○ _____
○ _____
○ _____

	6	9	7		8			2
2			5		6			
7					2			3
	8			2	9			
					3			9
3			8		7	4	5	6
8							3	5
	4					9		7
				7		1	4	

Fri · May · 15

_____
_____
_____
_____
_____
_____
_____
_____

To-Do List & Goals
○ _____
○ _____
○ _____
○ _____
○ _____
○ _____
○ _____
○ _____
○ _____
○ _____

3					8			2
	5	4	9	1	7	3	8	6
8	6			2		7		4
		7			6	8		3
	8			7	2		6	
5	2	6						9
7	9		6	4		2		
			2		9			
	4	2	7		1	9		8

Sat · May · 16

_____
_____
_____
_____
_____
_____
_____
_____

To-Do List & Goals
○ _____
○ _____
○ _____
○ _____
○ _____
○ _____
○ _____
○ _____
○ _____
○ _____

	3		2					
2	4	7	1			8		
5					8	2		
7	8	9	3					1
		1	8	4	7	3	2	
		4	9	1	5		8	
	7	5					3	
9	6			8	1	5		
								7

May

To-Do List & Goals
- _____
- _____
- _____
- _____
- _____
- _____
- _____
- _____
- _____
- _____

Sun · May · 17

To-Do List & Goals
- _____
- _____
- _____
- _____
- _____
- _____
- _____
- _____
- _____
- _____

Mon · May · 18

To-Do List & Goals
- _____
- _____
- _____
- _____
- _____
- _____
- _____
- _____
- _____
- _____

Tue · May · 19

To-Do List & Goals
- _____
- _____
- _____
- _____
- _____
- _____
- _____
- _____
- _____
- _____

Wed · May · 20

Sudoku (Sun · May · 17)

		6				9	8	
2	8				3	5		1
3		1						
				6		1		
7	1		2	3				
			8			7		
1	6		4	2				
9		5				2		
		3	5	1			4	

Sudoku (Mon · May · 18)

3		9		6		8		5
	8		9	5	7			
7	6		8					4
6	3	4	2		1		8	7
			3	7	5			
		7	6					1
			4		3	1	5	9
1		3		8				
	9	2	7			4	3	

Sudoku (Tue · May · 19)

	9		3			8		
4		8			1			
							7	9
9		7						4
			1		7			
	4		9				3	1
	6	4	8	7				
8					5		4	
		1	4	2	9			

Sudoku (Wed · May · 20)

		8	2		5			
	2		5	1		9	8	
3					8	1	2	4
		5	4			7		
				5		4		9
		4	3					
	4			9	2			
6				7				
				3		8	9	1

May

Thu · May · 21

_____
_____
_____
_____
_____
_____
_____

Fri · May · 22

_____
_____
_____
_____
_____
_____
_____

Sat · May · 23

_____
_____
_____
_____
_____
_____
_____

Sun · May · 24

_____
_____
_____
_____
_____
_____
_____

To-Do List & Goals

○ _____
○ _____
○ _____
○ _____
○ _____
○ _____
○ _____
○ _____
○ _____

To-Do List & Goals

○ _____
○ _____
○ _____
○ _____
○ _____
○ _____
○ _____
○ _____
○ _____

To-Do List & Goals

○ _____
○ _____
○ _____
○ _____
○ _____
○ _____
○ _____
○ _____
○ _____

To-Do List & Goals

○ _____
○ _____
○ _____
○ _____
○ _____
○ _____
○ _____
○ _____
○ _____

Sudoku 1:

5	7			4				
	6	8	3					
		9		6			5	
		2					4	8
		5	7				1	6
						9	7	
8	5				3	1		
9						7	3	4
		7	4		6		8	2

Sudoku 2:

			1	4		6		3
3	9			5				
4		5		2				9
	4	8		6		9		1
9				1	7	4		
		2						
6	7				8			
	2	3	6	8	4			
						1		

Sudoku 3:

6	3			4	7		5	
2			6		5		3	7
7	5	4			2			9
3	1		2					
		6	4	5				3
5				9			1	
	8							
			5	1				4
	2	3						

Sudoku 4:

2		9		8	3	1		
	1	3				9		6
								2
					9			
		6		7	5			
9		5		1	6	2		
4	9							7
5	6	7		2		3		8
		8						

May

To-Do List & Goals
- _____
- _____
- _____
- _____
- _____
- _____
- _____
- _____
- _____

Mon · May · 25

		5	4					9
			7	3				
6	3	8	2	5			1	
8				4			3	
	4						9	7
		7				8		5
	5	3		1	8			2
4				7				
			6					3

To-Do List & Goals
- _____
- _____
- _____
- _____
- _____
- _____
- _____
- _____
- _____

Tue · May · 26

		6	4	2	8	7		1
4	5			7	6		3	
8		7		3			2	
	8	3	2	9	4	1	7	
	2			6			9	
	7		3		1	4	8	2
			7	1	3	9		8
9	3	8	6			5		
7		1	5	8	9	2		3

To-Do List & Goals
- _____
- _____
- _____
- _____
- _____
- _____
- _____
- _____
- _____

Wed · May · 27

9	5	2				4		6
				6		3		
7	6		2	1				5
		9	4			1		
		6				2		
	4		1	2	3		6	
6		7	9				3	
1		5	3			4		
		4			6		2	

To-Do List & Goals
- _____
- _____
- _____
- _____
- _____
- _____
- _____
- _____
- _____

Thu · May · 28

2			1			6	3	
5			3					
1	3			6	7			
3	2				4		7	
		8				3	9	
4		1						
	5			1		8	4	
	4	7			6		1	3
			7	2				6

May

Fri · May · 29

_____
_____
_____
_____
_____
_____
_____

	8				3			
	9			8	3	1	4	7
	4						9	
6			9	1		7		
	5				2	9		3
3	2	4		9	5		1	8
		6					3	
			3					

To-Do List & Goals

_____ ○
_____ ○
_____ ○
_____ ○
_____ ○
_____ ○
_____ ○
_____ ○

Sat · May · 30

_____
_____
_____
_____
_____
_____
_____

1				6	3			
			4				5	3
5	3	6					1	
				9			8	
		3	1		7		4	6
	5			4				
	8		7					2
2		1						4
				1			6	5

To-Do List & Goals

_____ ○
_____ ○
_____ ○
_____ ○
_____ ○
_____ ○
_____ ○
_____ ○

Sun · May · 31

_____
_____
_____
_____
_____
_____
_____

		1			3		5	
	2		5	7	1	6		9
5			8		4		7	3
9	1		3	6			4	
	8		1	4	7		9	
		4	2		9		1	6
		9					3	
3	6	7		5	8			
	4	8	7	3		9	6	5

To-Do List & Goals

_____ ○
_____ ○
_____ ○
_____ ○
_____ ○
_____ ○
_____ ○
_____ ○

May - Month in Review

Notes

Notes

JUNE 2020

SU	MO	TU	WE	TH	FR	SA
	1	2	3	4	5	6
7	8	9	10	11	12	13
14	15	16	17	18	19	20
21	22	23	24	25	26	27
28	29	30				

June

To-Do List & Goals
- ○ _____
- ○ _____
- ○ _____
- ○ _____
- ○ _____
- ○ _____
- ○ _____
- ○ _____
- ○ _____

Mon · Jun · 1
_____
_____
_____
_____
_____
_____
_____
_____
_____

6	4			3		7		
7	1		5	6			3	2
2					6		5	
					2	6	1	
1	7	4			5			
	2	6		8	9	4		
	6					5	4	
		2					8	
4	9		8		3			

To-Do List & Goals
- ○ _____
- ○ _____
- ○ _____
- ○ _____
- ○ _____
- ○ _____
- ○ _____
- ○ _____
- ○ _____

Tue · Jun · 2
_____
_____
_____
_____
_____
_____
_____
_____
_____

			1	5				
	2		4	6		5		
7								
	3	6		4	1	2		5
					6	3	1	
	1	2						
9	7		1	2				
			6		7		9	
2			5		8	7		

To-Do List & Goals
- ○ _____
- ○ _____
- ○ _____
- ○ _____
- ○ _____
- ○ _____
- ○ _____
- ○ _____
- ○ _____

Wed · Jun · 3
_____
_____
_____
_____
_____
_____
_____
_____
_____

	3	7		5			1	
8	5	9		2	7			
			3		9	7		
		8	7					
3	7	1	2	9		5		6
			3	8		7		9
					6			
1		4						7
		3		7				8

To-Do List & Goals
- ○ _____
- ○ _____
- ○ _____
- ○ _____
- ○ _____
- ○ _____
- ○ _____
- ○ _____
- ○ _____

Thu · Jun · 4
_____
_____
_____
_____
_____
_____
_____
_____
_____

4		8		3	7			
	7	5						
9			8					4
	4	9					6	5
5	1		9			3		
			2	7				1
6	5			2				3
		3	6		1	8		2
		4		5	9		1	7

June

Fri · Jun · 5

						8		
3		6		9	1		2	4
		8	7					
1		9						
5	6			4	2	7		
2			5					
		2	1		6		4	
	9	4			8			
		3		4			7	6

To-Do List & Goals

○○○○○○○○○

Sat · Jun · 6

7		9				1	2	
3	6						5	4
	2	1					8	7
					2			6
		4	7					
				6		5	1	9
4				7				
		2		4		7		5
1			6		5	8		2

To-Do List & Goals

○○○○○○○○○

Sun · Jun · 7

						9	6	2
					5		7	
	4	1	9			5		
		5			4			
2	8	4	5			3		1
			8					
		2	6	5	1			
	5			9		6		
		6				2		5

To-Do List & Goals

○○○○○○○○○

Mon · Jun · 8

6	3		2		5	9		
5					1		8	2
	2		4	9				3
2					7			
3		7		5			1	
	8				4	3		
			5	2			3	9
		3	7	1			5	
4	5	2					7	

To-Do List & Goals

○○○○○○○○○

June

To-Do List & Goals
- ___
- ___
- ___
- ___
- ___
- ___
- ___
- ___
- ___

To-Do List & Goals
- ___
- ___
- ___
- ___
- ___
- ___
- ___
- ___
- ___

To-Do List & Goals
- ___
- ___
- ___
- ___
- ___
- ___
- ___
- ___
- ___

To-Do List & Goals
- ___
- ___
- ___
- ___
- ___
- ___
- ___
- ___
- ___

Tue · Jun · 9
_____
_____
_____
_____
_____
_____
_____
_____

Wed · Jun · 10
_____
_____
_____
_____
_____
_____
_____
_____

Thu · Jun · 11
_____
_____
_____
_____
_____
_____
_____
_____

Fri · Jun · 12
_____
_____
_____
_____
_____
_____
_____
_____

9		8	6	5				
5		3	9	1	2	4	7	
		1		3		6		
8				7	1	5	4	6
	1	7		9				3
4		5		2		9	1	7
			1				5	
1		6		4	5	3	2	9
		4	2		9	7	6	

		3			6			
		8		3	4	9	6	
			8					
4				6		8		
3	8		4	5		6	2	
	1				8		5	
2		1						
9			1	8	2			
	7				9			5

6			5		4		3	1
	5			3	8		2	
3		4	6	2		8		
	7		3					
				4	5		9	2
9						5	6	7
						2		
	3	6			2		5	
		8				6	1	

	8			6				
	2	6				5	4	1
		1		9		2	8	6
8	5		6	7	1			9
2			4			7		
		7	9		8			5
1					7			
6	4					8	7	2
		2	8		6		5	3

June

Sat · Jun · 13

_____
_____
_____
_____
_____
_____
_____
_____

	8	2		7				
9	7				2	4		
1				8				
3				2		5		
		7			6	1	2	3
		5						
	6							4
		3			9	6		
		9	6	8		3		

To-Do List & Goals

○ _____
○ _____
○ _____
○ _____
○ _____
○ _____
○ _____
○ _____

Sun · Jun · 14

_____
_____
_____
_____
_____
_____
_____
_____

4					2		1	7
		7	6	8		4		
		2	4	3		9	5	
					6			
					8		6	5
	9		5			8		3
			1					6
		8						4
2				4			7	

To-Do List & Goals

○ _____
○ _____
○ _____
○ _____
○ _____
○ _____
○ _____
○ _____

Mon · Jun · 15

_____
_____
_____
_____
_____
_____
_____
_____

7	6			9		1	4	3
	4	5	1		3		2	
2					4		7	9
							8	
	7						1	
	3				1	4	9	
3	9	7	5		8	2		1
		4			9			
			7					

To-Do List & Goals

○ _____
○ _____
○ _____
○ _____
○ _____
○ _____
○ _____
○ _____

Tue · Jun · 16

_____
_____
_____
_____
_____
_____
_____
_____

			7		8			4
	8	4						5
6		2			5	1	9	
			4	3		6		
	1							
5				9	6			
3	9		5				8	6
	6				4	3	1	

To-Do List & Goals

○ _____
○ _____
○ _____
○ _____
○ _____
○ _____
○ _____
○ _____

June

To-Do List & Goals
- ○ _____
- ○ _____
- ○ _____
- ○ _____
- ○ _____
- ○ _____
- ○ _____
- ○ _____
- ○ _____

Wed · Jun · 17

To-Do List & Goals
- ○ _____
- ○ _____
- ○ _____
- ○ _____
- ○ _____
- ○ _____
- ○ _____
- ○ _____
- ○ _____

Thu · Jun · 18

To-Do List & Goals
- ○ _____
- ○ _____
- ○ _____
- ○ _____
- ○ _____
- ○ _____
- ○ _____
- ○ _____
- ○ _____

Fri · Jun · 19

To-Do List & Goals
- ○ _____
- ○ _____
- ○ _____
- ○ _____
- ○ _____
- ○ _____
- ○ _____
- ○ _____
- ○ _____

Sat · Jun · 20

Sudoku 1

							2	
		7			8	6		
	1		9		7		4	
	5			8		9		
		3	4	1		5		
	8		5		6			
	7	4		3			8	
		8						
	3	2	5			1	4	9

Sudoku 2

	7							
			3	8				
4		1			7		3	
7		9		6		1	3	
	6					2		
8					6	5	4	
5			8	9	7			1
	9						7	
	7	4	2		5			9

Sudoku 3

	1	7	8				6	
	2	6						
9	3	5	6					2
			3					4
7				2		3		
				8	4		2	
			1		3			
	7							9
1	5	8		6	7			

Sudoku 4

			6		5		4	
	3		7				1	
2				8		7		
		2	8	7			5	
8	1			5		3		
					1		6	
	9			1				3
3				2	8		7	
							8	1

June

Sun · Jun · 21

_____
_____
_____
_____
_____
_____
_____

2			5		3	6	7	4
7								9
	3	5	9					
6								
	2		7		6		8	
9	5	4	8		2			
		1	4	2		5	3	
	4		6				1	
	7				9			

To-Do List & Goals

_____ ○
_____ ○
_____ ○
_____ ○
_____ ○
_____ ○
_____ ○
_____ ○
_____ ○
_____ ○

Mon · Jun · 22

_____
_____
_____
_____
_____
_____
_____

				8		1	4	
3		7		9	4		5	6
	8		1			9		
9	3		7		8		2	4
7						6		
5				2			9	
	7	3	9				6	
							7	
	9			7	1	3		

To-Do List & Goals

_____ ○
_____ ○
_____ ○
_____ ○
_____ ○
_____ ○
_____ ○
_____ ○
_____ ○
_____ ○

Tue · Jun · 23

_____
_____
_____
_____
_____
_____
_____

		7	2			8		3
4		1					7	
3				9	8	1	5	
8					3	7	9	1
1							8	2
			9					
		2			1	5		
6	1	3		7				8

To-Do List & Goals

_____ ○
_____ ○
_____ ○
_____ ○
_____ ○
_____ ○
_____ ○
_____ ○
_____ ○
_____ ○

Wed · Jun · 24

_____
_____
_____
_____
_____
_____
_____

2		4			8	7	3	
				4	7	9		
							4	2
			3	1				
7		5					1	4
9	8			7				3
		2	5		1	3		
		7					9	
	6				3		8	5

To-Do List & Goals

_____ ○
_____ ○
_____ ○
_____ ○
_____ ○
_____ ○
_____ ○
_____ ○
_____ ○
_____ ○

June

To-Do List & Goals
- _____
- _____
- _____
- _____
- _____
- _____
- _____
- _____
- _____

To-Do List & Goals
- _____
- _____
- _____
- _____
- _____
- _____
- _____
- _____
- _____

To-Do List & Goals
- _____
- _____
- _____
- _____
- _____
- _____
- _____
- _____
- _____

To-Do List & Goals
- _____
- _____
- _____
- _____
- _____
- _____
- _____
- _____
- _____

Thu · Jun · 25

Fri · Jun · 26

Sat · Jun · 27

Sun · Jun · 28

Puzzle 1 (Thu Jun 25)

			3	7	2			8
		8	1		5	9		
	5							
		2		3	1	6		
		1						4
3								1
8				6	9			
1	2				3	8		6
9		6				3		

Puzzle 2 (Fri Jun 26)

		9				8		7
3			5	1	7		9	
				9				
	9			6	5			
		6					3	8
7	1				9			4
			9				4	
		5		3	1	7		2
				4		1	5	

Puzzle 3 (Sat Jun 27)

	6			4			3	
			2		9	6		
2	7		8			5		
3	1		4		6			8
		7		8	5			
		6		7				
	4		6			7		
					9			1
7	5		9	1			2	

Puzzle 4 (Sun Jun 28)

	6	3					9	
7						1		8
					7	3		
	7				3			
		9			5	7	8	2
	1		7	6		9		
		5						9
1	2		4				5	3
4				3				

June

Mon · Jun · 29

_____
_____
_____
_____
_____
_____
_____

	1			7			6	
			1	5			8	
7		4	3		6	5		
		3	7			4		
		7	6	4				
6				2	5	1	3	7
	3	9	4		1	2	7	5
4	6		5	3	7		9	
			2		9			

To-Do List & Goals

_____ ○
_____ ○
_____ ○
_____ ○
_____ ○
_____ ○
_____ ○
_____ ○

Tue · Jun · 30

_____
_____
_____
_____
_____
_____
_____

1				5		3		
				4	7			
	7				3			4
		2		8				
	5		3					
6	1	8		9	4		3	5
4								9
8			4				1	
	2	9	1		8	5	4	

To-Do List & Goals

_____ ○
_____ ○
_____ ○
_____ ○
_____ ○
_____ ○
_____ ○
_____ ○

June - Month in Review

Notes

Notes

JULY 2020

SU	MO	TU	WE	TH	FR	SA
			1	2	3	4
5	6	7	8	9	10	11
12	13	14	15	16	17	18
19	20	21	22	23	24	25
26	27	28	29	30	31	

July

To-Do List & Goals
- _____
- _____
- _____
- _____
- _____
- _____
- _____
- _____
- _____

To-Do List & Goals
- _____
- _____
- _____
- _____
- _____
- _____
- _____
- _____
- _____

To-Do List & Goals
- _____
- _____
- _____
- _____
- _____
- _____
- _____
- _____
- _____

To-Do List & Goals
- _____
- _____
- _____
- _____
- _____
- _____
- _____
- _____
- _____

Wed · Jul · 1
_____
_____
_____
_____
_____
_____
_____
_____
_____

Thu · Jul · 2
_____
_____
_____
_____
_____
_____
_____
_____
_____

Fri · Jul · 3
_____
_____
_____
_____
_____
_____
_____
_____
_____

Sat · Jul · 4
_____
_____
_____
_____
_____
_____
_____
_____
_____

July

Sun · Jul · 5

9		2		4				
1	4	5		6		2	9	
		8					4	
	9		7	4		3	2	
	1		6			4	5	7
	2	7			1		8	9
			2	8	6			
2		6	4			7	3	
8					7	5		2

To-Do List & Goals

Mon · Jul · 6

			7		5			3
6					3	1		7
					4		8	
9		8		4		3	7	
7			5	8				
	6	5				2		
	7				9			4
4		6	3			9		
						7	1	

To-Do List & Goals

Tue · Jul · 7

3		6	2	1	5	9	8	7
9	1	5	8					3
		2						1
4		1			3			6
6		7				3		
2	8		1		6		9	
5		4		8	2	1		9
1	2	9	6	3		7	5	8
		8	9	5	1	6	2	4

To-Do List & Goals

Wed · Jul · 8

	5				4	7	3	6
		4			5			
6	8	9						1
			3			2	9	8
					2			
	1	8	7			4		
5		1		3				9
	9	6		1				
						6		

To-Do List & Goals

July

To-Do List & Goals
- _____
- _____
- _____
- _____
- _____
- _____
- _____
- _____
- _____

Thu · Jul · 9
_____
_____
_____
_____
_____
_____
_____
_____
_____

To-Do List & Goals
- _____
- _____
- _____
- _____
- _____
- _____
- _____
- _____
- _____

Fri · Jul · 10
_____
_____
_____
_____
_____
_____
_____
_____
_____

To-Do List & Goals
- _____
- _____
- _____
- _____
- _____
- _____
- _____
- _____
- _____

Sat · Jul · 11
_____
_____
_____
_____
_____
_____
_____
_____
_____

To-Do List & Goals
- _____
- _____
- _____
- _____
- _____
- _____
- _____
- _____
- _____

Sun · Jul · 12
_____
_____
_____
_____
_____
_____
_____
_____
_____

July

Mon · Jul · 13

					7			
9	6	4	5					
	5		6	8		3		
	3			6	8	1		
				7	9			
6				1			3	
2		1			3	9		
	7				1			3
			4	6		1	8	

Tue · Jul · 14

5	6	9		3	2		4	
8		3					1	
	7			4		5		3
7	1					4		
		6	7		3		5	
	3			1		2	7	
	5			8				
2			6			3		
			4	2	5			1

Wed · Jul · 15

1							3	
		5	4			9		7
			9	3		1	5	
		6						9
7				6	3			
	5						8	
5	4					7	6	
		7	6		2			
3				1	4	5		

Thu · Jul · 16

		5	2	3			7	
		8	1		9	3	4	5
					6			
			3			6	5	
2		7		1			3	
			5	8		1		4
							8	2
5	7						6	
8		2		4			9	3

To-Do List & Goals

July

To-Do List & Goals
- ○ _____
- ○ _____
- ○ _____
- ○ _____
- ○ _____
- ○ _____
- ○ _____
- ○ _____
- ○ _____

To-Do List & Goals
- ○ _____
- ○ _____
- ○ _____
- ○ _____
- ○ _____
- ○ _____
- ○ _____
- ○ _____
- ○ _____

To-Do List & Goals
- ○ _____
- ○ _____
- ○ _____
- ○ _____
- ○ _____
- ○ _____
- ○ _____
- ○ _____
- ○ _____

To-Do List & Goals
- ○ _____
- ○ _____
- ○ _____
- ○ _____
- ○ _____
- ○ _____
- ○ _____
- ○ _____
- ○ _____

Fri · Jul · 17

_____
_____
_____
_____
_____
_____
_____
_____
_____

Sat · Jul · 18

_____
_____
_____
_____
_____
_____
_____
_____
_____

Sun · Jul · 19

_____
_____
_____
_____
_____
_____
_____
_____
_____

Mon · Jul · 20

_____
_____
_____
_____
_____
_____
_____
_____
_____

July

Tue · Jul · 21

_____
_____
_____
_____
_____
_____
_____

1		3	8		6	5	9	4
		6	4			3		
8	4	5		3	9		7	
		2	6	8		4	1	
	1	8	3	9		2	6	7
6	7				4	8		
3	5	1	9	4				6
2	6		5		3	9	4	8
	8		7	6	2			

To-Do List & Goals

○ _____
○ _____
○ _____
○ _____
○ _____
○ _____
○ _____
○ _____
○ _____
○ _____

Wed · Jul · 22

_____
_____
_____
_____
_____
_____
_____
_____
_____

							7	
3			9	6	8	1	2	
4				7				
6		4						5
				4	3		1	
	2		6			3		7
	5			2				
			3	1		6	5	8
9					4	7		

To-Do List & Goals

○ _____
○ _____
○ _____
○ _____
○ _____
○ _____
○ _____
○ _____
○ _____
○ _____

Thu · Jul · 23

_____
_____
_____
_____
_____
_____
_____
_____
_____

	2	5		3				
9		7						
						8	5	
				2				
	6		3		9		4	1
		3			4			2
				5		4		
	1		8			2		3
	3	6	1	4				5

To-Do List & Goals

○ _____
○ _____
○ _____
○ _____
○ _____
○ _____
○ _____
○ _____
○ _____
○ _____

Fri · Jul · 24

_____
_____
_____
_____
_____
_____
_____
_____
_____

					4			
	8		3					
						9	2	5
6		4	9		8	3	7	2
		2	3			8		6
				7	2			4
4		3	8					
	7			4		2		3
		9	7			6		1

To-Do List & Goals

○ _____
○ _____
○ _____
○ _____
○ _____
○ _____
○ _____
○ _____
○ _____
○ _____

July

To-Do List & Goals
- _____
- _____
- _____
- _____
- _____
- _____
- _____
- _____
- _____
- _____

To-Do List & Goals
- _____
- _____
- _____
- _____
- _____
- _____
- _____
- _____
- _____
- _____

To-Do List & Goals
- _____
- _____
- _____
- _____
- _____
- _____
- _____
- _____
- _____
- _____

To-Do List & Goals
- _____
- _____
- _____
- _____
- _____
- _____
- _____
- _____
- _____
- _____

Sat · Jul · 25

			5			9		
9	7						5	
			1				7	3
7								
	3		7	8			9	
		2	3		4	7		8
		7			5		8	
	8	4			1			6
						4	3	

Sun · Jul · 26

7						3	6	
	4		5		6	2	1	
		6						4
4		1		5				
				6	2		4	
				8		7		
1	2				8	4		7
	7		2	9				
			4	1	7		9	

Mon · Jul · 27

1		4	3	6	7	2	5	
			1		2			4
		2	5					
	1			5				8
			7			9		5
9			8	1	6	7		
	6	5		8			9	7
				7				3
						1		

Tue · Jul · 28

		9			5		3	
2				7		6		
	5							7
	1		6		4		8	3
	4	6	5			1		
		8			1		2	
	8					3		
				2				4
			8				1	5

July

Wed · Jul · 29

_____
_____
_____
_____
_____
_____
_____

Thu · Jul · 30

_____
_____
_____
_____
_____
_____
_____

Fri · Jul · 31

_____
_____
_____
_____
_____
_____
_____

Sudoku 1:
6	3			1		4	2	
	7		6	4	9			
	5	4	2		9	6	1	
			4				9	
	1							6
3			1		6	8		4
7	8						6	
			6		2	5		
9							2	

Sudoku 2:
			3	7				2
	7	3			2			8
	6	2	1			5		
			5		1	6	9	
	2							
6		1	7		4			
						8		
		6	9			7		
	3	7		4	5		2	9

Sudoku 3:
			4					
7		5		8			1	3
		9			3		7	
	9	7	6				3	5
2					4			
	5		7					4
			8			3		1
5	8				7			2
3	1		9			5		

To-Do List & Goals

○ _____
○ _____
○ _____
○ _____
○ _____
○ _____
○ _____
○ _____

To-Do List & Goals

○ _____
○ _____
○ _____
○ _____
○ _____
○ _____
○ _____
○ _____

To-Do List & Goals

○ _____
○ _____
○ _____
○ _____
○ _____
○ _____
○ _____
○ _____

July - Month in Review

Notes

Notes

AUGUST 2020

SU	MO	TU	WE	TH	FR	SA
						1
2	3	4	5	6	7	8
9	10	11	12	13	14	15
16	17	18	19	20	21	22
23	24	25	26	27	28	29
30	31					

August

To-Do List & Goals
- _____
- _____
- _____
- _____
- _____
- _____
- _____
- _____
- _____

To-Do List & Goals
- _____
- _____
- _____
- _____
- _____
- _____
- _____
- _____
- _____

To-Do List & Goals
- _____
- _____
- _____
- _____
- _____
- _____
- _____
- _____
- _____

To-Do List & Goals
- _____
- _____
- _____
- _____
- _____
- _____
- _____
- _____
- _____

Sat · Aug · 1

Sun · Aug · 2

Mon · Aug · 3

Tue · Aug · 4

August

Wed · Aug · 5

_____
_____
_____
_____
_____
_____
_____
_____

	8	7	2	3	9	1		
		1		8	4			
3	2	6	1		4			9
2						3		
			8		3		7	6
8	6		9				4	
						8		
			4		2			
			3		7	5	2	

To-Do List & Goals
- ○ _____
- ○ _____
- ○ _____
- ○ _____
- ○ _____
- ○ _____
- ○ _____
- ○ _____

Thu · Aug · 6

_____
_____
_____
_____
_____
_____
_____
_____

2	3	5	8					
			7		6		4	
			2	5			3	
		1			7	6		3
4			6		5	8	9	
6	5				3			
		6				5		
				9	8			
	8				4		1	6

To-Do List & Goals
- ○ _____
- ○ _____
- ○ _____
- ○ _____
- ○ _____
- ○ _____
- ○ _____
- ○ _____

Fri · Aug · 7

_____
_____
_____
_____
_____
_____
_____
_____

			9				4	
3		7		6		2		1
		4			2			8
4					1			6
7	1	3	6			4	8	
	8				3			
6	3			4	5			7
			7	9	8	3	6	
				1				

To-Do List & Goals
- ○ _____
- ○ _____
- ○ _____
- ○ _____
- ○ _____
- ○ _____
- ○ _____
- ○ _____

Sat · Aug · 8

_____
_____
_____
_____
_____
_____
_____
_____

	6	2				1		
1	9	4	3	7				2
3			1					
		8		6		3		
		3			2	4	9	
	4							7
				1			3	
		9	6	4				
4		7				5		

To-Do List & Goals
- ○ _____
- ○ _____
- ○ _____
- ○ _____
- ○ _____
- ○ _____
- ○ _____
- ○ _____

August

To-Do List & Goals
- _____
- _____
- _____
- _____
- _____
- _____
- _____
- _____
- _____
- _____

Sun · Aug · 9

9			8	6		4		
		4						
			5			9	3	
				2				
2	4	6				7	9	
					5	3		
4	8		1					3
	9	7				2		
6			7	3	4	8		

To-Do List & Goals
- _____
- _____
- _____
- _____
- _____
- _____
- _____
- _____
- _____
- _____

Mon · Aug · 10

3		9						
	4	7		6				
			7		1	9		
				4				9
			2	1	3	8		5
2	5	8						
5					2			
		3						1
	7		9	5	8	4		

To-Do List & Goals
- _____
- _____
- _____
- _____
- _____
- _____
- _____
- _____
- _____
- _____

Tue · Aug · 11

	8		6	1	5			2
		9		4			7	6
3			2				1	4
7			9			6		5
				6		7		
9		2						8
		1			6		5	
			7		4		8	
	7	5			2			

To-Do List & Goals
- _____
- _____
- _____
- _____
- _____
- _____
- _____
- _____
- _____
- _____

Wed · Aug · 12

			7			4		
9				3	2		5	
	7	3					9	6
3	2	5					4	8
		1	4		7	2		5
					5			9
	6				3	9		
8				9				4
				6		5		1

August

Thu · Aug · 13

_____
_____
_____
_____
_____
_____
_____
_____
_____
_____

	1	6	4					3
	2		1			4		7
	5			8				2
					8			4
2	4		6	9		8		1
	9				4		6	5
	7	1	8	4	5			9
9	8			3	1			
5			7		9	1		

To-Do List & Goals

○ _____
○ _____
○ _____
○ _____
○ _____
○ _____
○ _____
○ _____
○ _____
○ _____

Fri · Aug · 14

_____
_____
_____
_____
_____
_____
_____
_____
_____
_____

3	2	7	1		5	6		
		5	8			9	1	3
			3			2		5
7	8	1	4	3	2	5	6	9
5	3		9		1			
4					6	3	8	1
	6	3	2			1	5	
1	7			5				
				1	3		9	

To-Do List & Goals

○ _____
○ _____
○ _____
○ _____
○ _____
○ _____
○ _____
○ _____
○ _____
○ _____

Sat · Aug · 15

_____
_____
_____
_____
_____
_____
_____
_____
_____
_____

8		5		9	7			
		7	5			8		1
3		9				5	4	
			4		5			2
	2		9	3	6	4	7	8
4			7	2		1	3	5
				8		7	5	
	7		2		1		8	
			3			2	1	4

To-Do List & Goals

○ _____
○ _____
○ _____
○ _____
○ _____
○ _____
○ _____
○ _____
○ _____
○ _____

Sun · Aug · 16

_____
_____
_____
_____
_____
_____
_____
_____
_____
_____

	9		8				1	
						7		2
5					3		4	
		1	3	8				
	2	7				5		
9		6		5		4	7	8
		5					2	7
3				4				
				7				

To-Do List & Goals

○ _____
○ _____
○ _____
○ _____
○ _____
○ _____
○ _____
○ _____
○ _____
○ _____

August

To-Do List & Goals
- _____
- _____
- _____
- _____
- _____
- _____
- _____
- _____
- _____

To-Do List & Goals
- _____
- _____
- _____
- _____
- _____
- _____
- _____
- _____
- _____

To-Do List & Goals
- _____
- _____
- _____
- _____
- _____
- _____
- _____
- _____
- _____

To-Do List & Goals
- _____
- _____
- _____
- _____
- _____
- _____
- _____
- _____
- _____

Mon · Aug · 17
_____
_____
_____
_____
_____
_____
_____
_____
_____

Tue · Aug · 18
_____
_____
_____
_____
_____
_____
_____
_____
_____

Wed · Aug · 19
_____
_____
_____
_____
_____
_____
_____
_____
_____

Thu · Aug · 20
_____
_____
_____
_____
_____
_____
_____
_____
_____

Sudoku Puzzle 1

							6	3
6	9	8	7					
		5		4	8			
				9	7			
7	6	9						5
1		3			5			7
	4	7					5	1
	8		3	1		2		9
9		1	5					8

Sudoku Puzzle 2

	3		9	2	1	8	4	
4	2	1		6				9
	9	8	7	4				2
				1				
	8		4			6		
5	1		2				7	3
3	5			7	2		8	
			8	5			9	

Sudoku Puzzle 3

	3	6						
			5	3	8		2	4
	4				9			
3				7			8	1
	2		8					
		4			9		5	
4				1				2
7			9			4		
	5	9	4		2			

Sudoku Puzzle 4

4		2		9				3
	8	1			7		2	
	7				1			
	4					3	5	
	5			1			6	2
1						4		
				7				
	7			3		8		9
8	3		9	5		7		

August

Fri · Aug · 21

_____
_____
_____
_____
_____
_____
_____
_____

To-Do List & Goals
○
○
○
○
○
○
○
○
○
○

	6			1		7		
		1	2		3	5		6
	5			9			3	2
		7		5		2	9	8
8							1	
2		5	3					4
					8		5	
	7	6		4				3
		3				9		

Sat · Aug · 22

_____
_____
_____
_____
_____
_____
_____
_____

To-Do List & Goals
○
○
○
○
○
○
○
○
○
○

				8				
			5	4		3		8
	3	1	6		2	9		
	6							9
2	9			6	7			
5		7	3					6
4	2	5			8			
7	1			3			9	2
		9	1					4

Sun · Aug · 23

_____
_____
_____
_____
_____
_____
_____
_____

To-Do List & Goals
○
○
○
○
○
○
○
○
○
○

7	6	9			2	3	5	
4		1			8	2		7
				3			1	4
	4	5		6		7		
	1						8	6
1		3		5				
2		8			1			5
			8	7	9		2	3

Mon · Aug · 24

_____
_____
_____
_____
_____
_____
_____
_____

To-Do List & Goals
○
○
○
○
○
○
○
○
○
○

4		1	6			7		
			4					9
		3		5				
	4					2		
1	6	7				5		8
		9				6	4	
			8	6		4	9	
	2	6			1		7	
	7			9		2	1	

August

To-Do List & Goals
- ○ _____
- ○ _____
- ○ _____
- ○ _____
- ○ _____
- ○ _____
- ○ _____
- ○ _____
- ○ _____

To-Do List & Goals
- ○ _____
- ○ _____
- ○ _____
- ○ _____
- ○ _____
- ○ _____
- ○ _____
- ○ _____
- ○ _____

To-Do List & Goals
- ○ _____
- ○ _____
- ○ _____
- ○ _____
- ○ _____
- ○ _____
- ○ _____
- ○ _____
- ○ _____

To-Do List & Goals
- ○ _____
- ○ _____
- ○ _____
- ○ _____
- ○ _____
- ○ _____
- ○ _____
- ○ _____
- ○ _____

Tue · Aug · 25

Wed · Aug · 26

Thu · Aug · 27

Fri · Aug · 28

August

Sat · Aug · 29

	8	4		1		3		
9			7					
		2		5		9		
5	2	3		4	7		8	
							5	
	1		9				3	
1				7				3
			2		1		6	
2					8	5		7

To-Do List & Goals

Sun · Aug · 30

	2	5		4	7	3		
	8	9				4		
		4	1			2		
		2		9			5	
			5		4			
3			2	7	8			4
							9	7
		3	7					2
2	7					3		

To-Do List & Goals

Mon · Aug · 31

				4			2	6
5	9				3	4	8	7
		2				9	3	1
4	2	1	5	8	6		9	3
	5	8		3				
	6		4					8
		5		6	4		7	
		4		5		8	1	
7	1	9	3				4	5

To-Do List & Goals

August - Month in Review

Notes

Notes

SEPTEMBER 2020

SU	MO	TU	WE	TH	FR	SA
		1	2	3	4	5
6	7	8	9	10	11	12
13	14	15	16	17	18	19
20	21	22	23	24	25	26
27	28	29	30			

September

To-Do List & Goals
- _____
- _____
- _____
- _____
- _____
- _____
- _____
- _____
- _____

To-Do List & Goals
- _____
- _____
- _____
- _____
- _____
- _____
- _____
- _____
- _____

To-Do List & Goals
- _____
- _____
- _____
- _____
- _____
- _____
- _____
- _____
- _____

To-Do List & Goals
- _____
- _____
- _____
- _____
- _____
- _____
- _____
- _____
- _____

Tue · Sep · 1
_____
_____
_____
_____
_____
_____
_____
_____
_____

Wed · Sep · 2
_____
_____
_____
_____
_____
_____
_____
_____
_____

Thu · Sep · 3
_____
_____
_____
_____
_____
_____
_____
_____
_____

Fri · Sep · 4
_____
_____
_____
_____
_____
_____
_____
_____
_____

Sudoku 1

5	1	9	2	8	3		4	
6	8					9		1
					8			
	5				1			
	9	3	8			2		6
				9			5	3
1	4					5	6	2
2			5	6	7	1	9	4
				4	2	3		

Sudoku 2

	4		9		1			
			5	4			8	
8	9	1				2		
	3							
4	6				9		1	
		2	3		8			
	8			1		6		
	2	6			7			9
3	1		4			8		5

Sudoku 3

		2		4	6	1		
	4	6					2	
3	7	8			1		6	4
2	8				5		4	
7				1				
6		4	8	2	7			
9	3	5	6			4		
					2		9	3
8		1	4	3				

Sudoku 4

	9		4		5	8	1	6
5					3			
	2	1			6			
	5						7	1
							9	
1		2		7		4		
2		7		8			3	
	1							4
9			3		7			

September

Sat · Sep · 5

_____
_____
_____
_____
_____
_____
_____

	5				8	6		
				1			8	
1	8		6		2			
		9	6			2		
3	9			7	1			
			3	2			1	
5	7							
	3	8	1	5				
6	1		2			3		

To-Do List & Goals

_____ ○
_____ ○
_____ ○
_____ ○
_____ ○
_____ ○
_____ ○
_____ ○
_____ ○
_____ ○

Sun · Sep · 6

_____
_____
_____
_____
_____
_____
_____

		9	8					1
	1				4	9		6
						4		
9	8	6	5					3
	4		1		8	6		
1	2	3		4	9		7	
				2		8	5	
	6				5		9	
5								2

To-Do List & Goals

_____ ○
_____ ○
_____ ○
_____ ○
_____ ○
_____ ○
_____ ○
_____ ○
_____ ○
_____ ○

Mon · Sep · 7

_____
_____
_____
_____
_____
_____
_____

	4				3			
8		2	1				3	5
	5					8	1	
	2				6		4	
	8	9		1	4		6	
				5	7		2	
				1	2	8	4	
4			6	2		1	7	
2			3					

To-Do List & Goals

_____ ○
_____ ○
_____ ○
_____ ○
_____ ○
_____ ○
_____ ○
_____ ○
_____ ○
_____ ○

Tue · Sep · 8

_____
_____
_____
_____
_____
_____
_____

				4	5	1		6
				6	7	9	8	
	3	1					4	5
5	1				6			
		3	2					9
						3		
	4		5		9			7
7			6	8	3	5	1	4
		6				8		2

To-Do List & Goals

_____ ○
_____ ○
_____ ○
_____ ○
_____ ○
_____ ○
_____ ○
_____ ○
_____ ○
_____ ○

September

To-Do List & Goals
- _____
- _____
- _____
- _____
- _____
- _____
- _____
- _____
- _____
- _____

To-Do List & Goals
- _____
- _____
- _____
- _____
- _____
- _____
- _____
- _____
- _____
- _____

To-Do List & Goals
- _____
- _____
- _____
- _____
- _____
- _____
- _____
- _____
- _____
- _____

To-Do List & Goals
- _____
- _____
- _____
- _____
- _____
- _____
- _____
- _____
- _____
- _____

Wed · Sep · 9

			8					2
3		2	7		5			4
4					2	9		
7		1						5
	9			5	7		6	1
		5				4		
8		9					4	
	6				3		1	
				2	8			

Thu · Sep · 10

8		1			3			2
	3	4						
7			9		8			5
4	6				1		5	
1	8	2		9	5			3
		5	8	4				
	1		7	5			3	4
2	5		3	8				7
3		9	1	2	4	5		8

Fri · Sep · 11

		8	1				2	3
		5		2				6
6	4	2						
	3			5	8			2
		4	3	9		6		7
			7	6	3			
4								
5	8			3		7		9
						6	8	

Sat · Sep · 12

	1	9		3				2
		8	1				6	
7		6		8				
	4	1					2	7
	7		4		3		9	
	8		2		6			
8				5				4
	4	8		1	3			9
1			7		8			

September

Sun · Sep · 13

_____
_____
_____
_____
_____
_____
_____
_____

Sudoku 1:

5	7			1			4	
		8	4		7		5	9
7		6	8		4	3	9	
		1				5		
3		2	5					7
	1	4						
				2		7	8	4
				6			3	5

To-Do List & Goals

○ _____
○ _____
○ _____
○ _____
○ _____
○ _____
○ _____
○ _____

Mon · Sep · 14

_____
_____
_____
_____
_____
_____
_____
_____

Sudoku 2:

2	3		7	4	8	9		6
		9	6		3	4		
	4				2			1
		3	5	9	6			
9		2						
			3					
4	9	5			7		6	
	2	6	1					
	1	7		6	9			

To-Do List & Goals

○ _____
○ _____
○ _____
○ _____
○ _____
○ _____
○ _____
○ _____

Tue · Sep · 15

_____
_____
_____
_____
_____
_____
_____
_____

Sudoku 3:

	6		8				4	5
4			2			3		9
		8			9			6
		6		8	4		3	7
						5	2	4
			3	5		8		1
8		2	9		1			
	1	3	4			6	9	
	9						1	

To-Do List & Goals

○ _____
○ _____
○ _____
○ _____
○ _____
○ _____
○ _____
○ _____

Wed · Sep · 16

_____
_____
_____
_____
_____
_____
_____
_____

Sudoku 4:

5		2	7			1		3
		7		5		8		4
	8		4	6				
4	3	5				9		6
	9				2			
			6	9				5
8		4				7		
					8			
	2	9	3		5		4	

To-Do List & Goals

○ _____
○ _____
○ _____
○ _____
○ _____
○ _____
○ _____
○ _____

September

To-Do List & Goals
- _____
- _____
- _____
- _____
- _____
- _____
- _____
- _____
- _____
- _____

To-Do List & Goals
- _____
- _____
- _____
- _____
- _____
- _____
- _____
- _____
- _____
- _____

To-Do List & Goals
- _____
- _____
- _____
- _____
- _____
- _____
- _____
- _____
- _____
- _____

To-Do List & Goals
- _____
- _____
- _____
- _____
- _____
- _____
- _____
- _____
- _____
- _____

Thu · Sep · 17
_____
_____
_____
_____
_____
_____
_____
_____
_____
_____

Fri · Sep · 18
_____
_____
_____
_____
_____
_____
_____
_____
_____
_____

Sat · Sep · 19
_____
_____
_____
_____
_____
_____
_____
_____
_____
_____

Sun · Sep · 20
_____
_____
_____
_____
_____
_____
_____
_____
_____
_____

September

Mon · Sep · 21

9			7		5			
		4		3				5
5		3			4			
6			8					
7	1	9		4			6	
8	3	5				7		
	8			9			1	
4	5		2	1			9	
2				5				4

To-Do List & Goals

Tue · Sep · 22

5					3		1	
		7			4	8		
		2			5	9		
7		5		3			2	
	6				2			7
						4	8	5
								8
1		8	4	5	6			
			9			2	4	

To-Do List & Goals

Wed · Sep · 23

		4		6	3			
9	3		1				8	
1	7	5	4			3	6	
							1	
	6	2			1		4	
	5					6		9
			3				2	7
	2		5			4		
5		3					9	

To-Do List & Goals

Thu · Sep · 24

	4		1	2				8
			9			1	4	
		1			6		2	
		8		4	7		3	6
7	6		2			5		9
	2	5	6			4		7
4				5		8		
2	7					3		1
8							6	4

To-Do List & Goals

September

To-Do List & Goals
- _____
- _____
- _____
- _____
- _____
- _____
- _____
- _____
- _____
- _____

Fri · Sep · 25
_____
_____
_____
_____
_____
_____
_____
_____
_____

To-Do List & Goals
- _____
- _____
- _____
- _____
- _____
- _____
- _____
- _____
- _____
- _____

Sat · Sep · 26
_____
_____
_____
_____
_____
_____
_____
_____
_____

To-Do List & Goals
- _____
- _____
- _____
- _____
- _____
- _____
- _____
- _____
- _____
- _____

Sun · Sep · 27
_____
_____
_____
_____
_____
_____
_____
_____
_____

To-Do List & Goals
- _____
- _____
- _____
- _____
- _____
- _____
- _____
- _____
- _____
- _____

Mon · Sep · 28
_____
_____
_____
_____
_____
_____
_____
_____
_____

September

Tue · Sep · 29

_____
_____
_____
_____
_____
_____
_____

Wed · Sep · 30

_____
_____
_____
_____
_____
_____
_____

To-Do List & Goals

○ _____
○ _____
○ _____
○ _____
○ _____
○ _____
○ _____
○ _____

To-Do List & Goals

○ _____
○ _____
○ _____
○ _____
○ _____
○ _____
○ _____
○ _____

Puzzle 1:

8	3			1	9	5		
		5		3	7	4	1	2
4	7		9	2		3		
						2	7	9
7		9			2	1	4	
	6		7	1				
		6	4				2	
	2	7	1		3			
3	4				5	9	1	

Puzzle 2:

	3			8		9		
	1				2			
4		6						
	5							4
6	2		7		4			8
		8				7		6
	9			6	5	8	2	
	8			9			4	
5			2					

September - Month in Review

Notes

Notes

OCTOBER 2020

SU	MO	TU	WE	TH	FR	SA
				1	2	3
4	5	6	7	8	9	10
11	12	13	14	15	16	17
18	19	20	21	22	23	24
25	26	27	28	29	30	31

October

To-Do List & Goals
- _____
- _____
- _____
- _____
- _____
- _____
- _____
- _____
- _____

To-Do List & Goals
- _____
- _____
- _____
- _____
- _____
- _____
- _____
- _____
- _____

To-Do List & Goals
- _____
- _____
- _____
- _____
- _____
- _____
- _____
- _____
- _____

To-Do List & Goals
- _____
- _____
- _____
- _____
- _____
- _____
- _____
- _____
- _____

Thu · Oct · 1

Fri · Oct · 2

Sat · Oct · 3

Sun · Oct · 4

Puzzle 1

	1				6			
2							9	
	6	7			9	3		
3	5	9			4	1	7	
	8			7				5
	2	6			1			
4	3					5		
9				4		7	8	
	7		5		2	9		

Puzzle 2

	6						1	8
		8		5	4			
				3		9		
	3		2	4	6		5	
6	5							2
7	4	2	5	1				
	9		3		2		7	
4		6		8		2		
	8				5			

Puzzle 3

2			8		7	5	4	9
6							2	
		4	9		2		1	
					1			4
		2		9		8		
	4	7						5
		9		4			3	1
			5	2			6	
4	2			3	6	9		

Puzzle 4

						5	7	
8			1		4	9	2	
			3		7		1	6
6		5	9				4	
			6		3			
	3		2					
3		1		6	9			2
7								
4	6	9		3				7

October

Mon · Oct · 5

_____
_____
_____
_____
_____
_____
_____
_____

1				8	2		6	4
			1		4			
7	4	6	5		3			
3								
							4	
	9				5	7	8	
	6	5		7			9	8
	8			4		5		
2					8	4	7	

To-Do List & Goals

○ _____
○ _____
○ _____
○ _____
○ _____
○ _____
○ _____
○ _____

Tue · Oct · 6

_____
_____
_____
_____
_____
_____
_____
_____

								2
			7	2	4	8		
				5		1	6	
	6		3					
	8	2					1	
		3		2			4	9
4	1				3	5		
	5		2	9				
3	2	7		4	5		9	

To-Do List & Goals

○ _____
○ _____
○ _____
○ _____
○ _____
○ _____
○ _____
○ _____

Wed · Oct · 7

_____
_____
_____
_____
_____
_____
_____
_____

	8			3	7	9		
				1		3		7
					5			
	6	8	1		4		7	9
			7	9	3		6	1
		9					5	2
6				5	8			
	4	2	3			7	1	

To-Do List & Goals

○ _____
○ _____
○ _____
○ _____
○ _____
○ _____
○ _____
○ _____

Thu · Oct · 8

_____
_____
_____
_____
_____
_____
_____
_____

8	9	1	2				3	
4		6			3	9		
	3			9				1
7	5		6	4				
		9				2	7	
	4			8				
		4		7		1		
	8			6				
			4	2	1		6	

To-Do List & Goals

○ _____
○ _____
○ _____
○ _____
○ _____
○ _____
○ _____
○ _____

October

To-Do List & Goals
- _____
- _____
- _____
- _____
- _____
- _____
- _____
- _____
- _____
- _____

To-Do List & Goals
- _____
- _____
- _____
- _____
- _____
- _____
- _____
- _____
- _____
- _____

To-Do List & Goals
- _____
- _____
- _____
- _____
- _____
- _____
- _____
- _____
- _____
- _____

To-Do List & Goals
- _____
- _____
- _____
- _____
- _____
- _____
- _____
- _____
- _____
- _____

Fri · Oct · 9
_____
_____
_____
_____
_____
_____
_____
_____
_____

Sat · Oct · 10
_____
_____
_____
_____
_____
_____
_____
_____
_____

Sun · Oct · 11
_____
_____
_____
_____
_____
_____
_____
_____
_____

Mon · Oct · 12
_____
_____
_____
_____
_____
_____
_____
_____
_____

October

Tue · Oct · 13

_____
_____
_____
_____
_____
_____
_____
_____
_____

6			3		1	4		
			5	2				8
					2	6	3	
		9	6					
			8					
	5			3	2			9
8		7		5	4		2	
	9			7		3		5
		1		6			8	

To-Do List & Goals

○ _____
○ _____
○ _____
○ _____
○ _____
○ _____
○ _____
○ _____
○ _____

Wed · Oct · 14

_____
_____
_____
_____
_____
_____
_____
_____
_____

			8				9	1
9	8				1		3	
			9	5				2
		4	5		2	7		3
3							6	5
7		5						
		7	6	1	5	2		
4	1		2	9		3		8
2	5					1		

To-Do List & Goals

○ _____
○ _____
○ _____
○ _____
○ _____
○ _____
○ _____
○ _____
○ _____

Thu · Oct · 15

_____
_____
_____
_____
_____
_____
_____
_____
_____

	9	1	5	3		6		
	6	5	9	4				
				6			8	
5					6			
		4			5			2
			1	2				
			8		7			
6	4	7	2	9		8		
	5	8	6		4		2	

To-Do List & Goals

○ _____
○ _____
○ _____
○ _____
○ _____
○ _____
○ _____
○ _____
○ _____

Fri · Oct · 16

_____
_____
_____
_____
_____
_____
_____
_____
_____
_____
_____

					3	9		2
	2				4	8		
	3			5			4	6
6		2				3		4
		8					2	
9	4	3	6		1	5		
	9	1			7			
3	6				5			9
2	7	5	9		6			

To-Do List & Goals

○ _____
○ _____
○ _____
○ _____
○ _____
○ _____
○ _____
○ _____
○ _____
○ _____

October

To-Do List & Goals
- _____
- _____
- _____
- _____
- _____
- _____
- _____
- _____
- _____

To-Do List & Goals
- _____
- _____
- _____
- _____
- _____
- _____
- _____
- _____
- _____

To-Do List & Goals
- _____
- _____
- _____
- _____
- _____
- _____
- _____
- _____
- _____

To-Do List & Goals
- _____
- _____
- _____
- _____
- _____
- _____
- _____
- _____
- _____

Sat · Oct · 17

	3						2	1
	2			7		8	9	5
	8		6					
2					4			
4							9	7
		5	2		6			3
						3		9
	6			5	1			7
7	5			3		1		6

Sun · Oct · 18

							8	1
				6			4	
5	7	8				3		
	2	7			5		9	
		3	2		6	8	7	4
						6		
4		6		7			3	9
1		3			4			8
				8				

Mon · Oct · 19

					7		9	8
7		8	9		1			4
		4	2					
9	6		4			1		
	2							7
		3						
4	3	2	8			6	7	
	7			2		9		3
1								2

Tue · Oct · 20

		1		2			6	8
	4					2		
3	8					5	1	
			2		1		7	
	1	4		7				
6	2	7			5	1		
			3			6	4	1
	3			1	4		2	
		6	7					

October

Wed · Oct · 21

_____
_____
_____
_____
_____
_____
_____
_____

	8						5	
5	3		6	9				4
	9		8	5		7	2	
	1		9		2	6	4	8
6			5					
			1	6			9	
8	5					4		7
9				4				5
						8	1	

To-Do List & Goals

○○○○○○○○○○

Thu · Oct · 22

_____
_____
_____
_____
_____
_____
_____
_____

4	2		8		1			9
7			6		9	5		
	9	6		2		1		
1				7		2	8	6
				6	5			7
	6	7		8	3	4		5
9				4		6		
					6	8	4	
		5				9	7	3

To-Do List & Goals

○○○○○○○○○○

Fri · Oct · 23

_____
_____
_____
_____
_____
_____
_____
_____

		2	1				7	8
				8	4			2
	5	9				4		
	8	6	5					
3	1			6			5	
5	2	7		3		8	6	4
6		8		9				
2	9		8					
1	7	3	4	2			8	

To-Do List & Goals

○○○○○○○○○○

Sat · Oct · 24

_____
_____
_____
_____
_____
_____
_____
_____

		8						9
7			4		8	5		
6			3		7		8	
2		5				8	4	6
			1					
			8	5				7
	8			7		4		
3	2						9	
1			9		4			3

To-Do List & Goals

○○○○○○○○○○

October

To-Do List & Goals
- _____
- _____
- _____
- _____
- _____
- _____
- _____
- _____
- _____
- _____

To-Do List & Goals
- _____
- _____
- _____
- _____
- _____
- _____
- _____
- _____
- _____
- _____

To-Do List & Goals
- _____
- _____
- _____
- _____
- _____
- _____
- _____
- _____
- _____
- _____

To-Do List & Goals
- _____
- _____
- _____
- _____
- _____
- _____
- _____
- _____
- _____
- _____

Sun · Oct · 25

Mon · Oct · 26

Tue · Oct · 27

Wed · Oct · 28

October

Thu · Oct · 29

_____
_____
_____
_____
_____
_____
_____
_____

		1			3	4	5	
5	9				2		7	6
6		4						
3		2	7					
		6	2					1
	1	7		3	8	2		5
1		5						
		3			9		1	8
7				1		5		

To-Do List & Goals

○ _____
○ _____
○ _____
○ _____
○ _____
○ _____
○ _____
○ _____
○ _____

Fri · Oct · 30

_____
_____
_____
_____
_____
_____
_____
_____

2	8	6			1			
				4	6		8	
		5	3				1	
		2	6					
9								7
	1			7		5		
4			2			8		1
		9		1	5			
1	5		8	6	7			9

To-Do List & Goals

○ _____
○ _____
○ _____
○ _____
○ _____
○ _____
○ _____
○ _____
○ _____

Sat · Oct · 31

_____
_____
_____
_____
_____
_____
_____
_____

	7	4	8					3
	8	2	9			5	7	4
	2					9	6	
7	5	1	4		9		3	6
2	8		1	3	7			5
3		9	5		2	7		1
	9					3	4	
	6			7		8		
	1	3	9	2			5	7

To-Do List & Goals

○ _____
○ _____
○ _____
○ _____
○ _____
○ _____
○ _____
○ _____
○ _____

October - Month in Review

Notes

Notes

NOVEMBER 2020

SU	MO	TU	WE	TH	FR	SA
1	2	3	4	5	6	7
8	9	10	11	12	13	14
15	16	17	18	19	20	21
22	23	24	25	26	27	28
29	30					

November

To-Do List & Goals
- ○ _____
- ○ _____
- ○ _____
- ○ _____
- ○ _____
- ○ _____
- ○ _____
- ○ _____
- ○ _____
- ○ _____

Sun · Nov · 1
_____
_____
_____
_____
_____
_____
_____
_____
_____
_____

	8			1	6	2		
6			2	8				
7	4		3		9		1	8
4	6			2	5		7	
		7	6	3		9	4	
2	1	9		7	8		5	
3	2				7			9
9		6		4	3	7		5
	7			9	2	4	6	

To-Do List & Goals
- ○ _____
- ○ _____
- ○ _____
- ○ _____
- ○ _____
- ○ _____
- ○ _____
- ○ _____
- ○ _____
- ○ _____

Mon · Nov · 2
_____
_____
_____
_____
_____
_____
_____
_____
_____
_____

	8					3	1	
9	1		3	7	4	5		
3					5	9	4	6
2		1	4			6		
4	5	9	1				3	
	6			5			9	4
					2			1
	2			8		4	6	
7		8		3		2		

To-Do List & Goals
- ○ _____
- ○ _____
- ○ _____
- ○ _____
- ○ _____
- ○ _____
- ○ _____
- ○ _____
- ○ _____
- ○ _____

Tue · Nov · 3
_____
_____
_____
_____
_____
_____
_____
_____
_____
_____

				2		5		
		2				8	9	
3					6	7		4
	1			9				5
	3					9	6	
			8		5	4		
	4			8		1	3	9
	9	3		7				
	2		4					7

To-Do List & Goals
- ○ _____
- ○ _____
- ○ _____
- ○ _____
- ○ _____
- ○ _____
- ○ _____
- ○ _____
- ○ _____
- ○ _____

Wed · Nov · 4
_____
_____
_____
_____
_____
_____
_____
_____
_____
_____

8	6	5	3				1	
	3	2			9	6	4	
9		4				3	2	
6				1			3	
5	8				6	2		1
	9							
2	7					5	4	
		8		6				2
			7	5				

November

Thu · Nov · 5

_____
_____
_____
_____
_____
_____
_____
_____

6		8			3	2	5	7
			1	6	7	4	8	
								6
8				1	5			4
2	3		8		4			
							5	
5		9		8	1		4	3
			7		6			
1				3	9			2

To-Do List & Goals

_____ ○
_____ ○
_____ ○
_____ ○
_____ ○
_____ ○
_____ ○
_____ ○
_____ ○

Fri · Nov · 6

_____
_____
_____
_____
_____
_____
_____
_____

			6	3		1		7
3		7	5		4			
4	9			8		3	2	
			2				3	
								6
		2		1				
		8	1	7				3
6					8	5		
		3	9	6	5		1	

To-Do List & Goals

_____ ○
_____ ○
_____ ○
_____ ○
_____ ○
_____ ○
_____ ○
_____ ○
_____ ○

Sat · Nov · 7

_____
_____
_____
_____
_____
_____
_____
_____

		7	1	3	4			6
		2			8		7	1
			2		7	3		
								4
	3		7	4	5		9	
2		9		8				5
8				5	6	2	1	9
		1		7		6		3
4	2	6						

To-Do List & Goals

_____ ○
_____ ○
_____ ○
_____ ○
_____ ○
_____ ○
_____ ○
_____ ○
_____ ○

Sun · Nov · 8

_____
_____
_____
_____
_____
_____
_____
_____

2	5		3					7
			7	6		2	5	
6		4					8	
				2				9
4		2		7				
	1	5		9	4			
5	4	8	2					
					7	3		
9				1				6

To-Do List & Goals

_____ ○
_____ ○
_____ ○
_____ ○
_____ ○
_____ ○
_____ ○
_____ ○
_____ ○

November

To-Do List & Goals
- _____
- _____
- _____
- _____
- _____
- _____
- _____
- _____
- _____

To-Do List & Goals
- _____
- _____
- _____
- _____
- _____
- _____
- _____
- _____
- _____

To-Do List & Goals
- _____
- _____
- _____
- _____
- _____
- _____
- _____
- _____
- _____

To-Do List & Goals
- _____
- _____
- _____
- _____
- _____
- _____
- _____
- _____
- _____

Mon · Nov · 9

		8			7			6
4						5	2	8
					8			
	6	4						
5		1	6			4	8	7
	8							
	4					3		
	5	2			6	7		4
	9	7	4	2		1		

Tue · Nov · 10

6	8	4		5	7	2		
		2	8				7	4
3			1		4		6	9
5	6		4	7	1	3		2
2	9	1		3	8			7
				9	5		1	8
	2			4	6	1	8	5
	4	6				7		
1			7	8	2	9	4	

Wed · Nov · 11

7			1		2	5		
	4	5	8		3			
			7			8		
				3				7
	5			6			4	3
		3	2	7			8	
9		4	6					
	7	8		2	9			
		6	5			7		

Thu · Nov · 12

2	5	9				7		
	6		2	9			3	
	7	3						
						5	4	6
		1	6					7
					5	3		
8			9				7	1
			8	7	3			
		4			2		6	

November

Fri · Nov · 13

_____
_____
_____
_____
_____
_____
_____
_____
_____

	9	1	2				7	6
	7	2		3	9			
5	6		7		4		3	2
	5	4	8		7	1	6	3
	1	3						8
6	8				3			
8						9		
1	3				2		8	
7	4		9	5	8		2	1

To-Do List & Goals

_____ ○
_____ ○
_____ ○
_____ ○
_____ ○
_____ ○
_____ ○
_____ ○
_____ ○

Sat · Nov · 14

_____
_____
_____
_____
_____
_____
_____
_____
_____

	1	5		8	9		6	
		4			7			5
		8				9	3	
						3		8
			2					
3	7							4
		7	5	3		8		2
	8			9			7	
		3		7	2	6	4	

To-Do List & Goals

_____ ○
_____ ○
_____ ○
_____ ○
_____ ○
_____ ○
_____ ○
_____ ○
_____ ○

Sun · Nov · 15

_____
_____
_____
_____
_____
_____
_____
_____
_____

6		9		1	8		7	
2					3			
5	8						1	4
	3		5		2			
1		7	9	8		3		
8	9	2		7				1
3					4	7		8

To-Do List & Goals

_____ ○
_____ ○
_____ ○
_____ ○
_____ ○
_____ ○
_____ ○
_____ ○
_____ ○

Mon · Nov · 16

_____
_____
_____
_____
_____
_____
_____
_____
_____

			8		3			
	2		9		6		1	7
		9		5	7	2		3
				7		4	8	
6		1						
5		4						
				5				
		8		9		5	6	4
9		6		8			2	

To-Do List & Goals

_____ ○
_____ ○
_____ ○
_____ ○
_____ ○
_____ ○
_____ ○
_____ ○
_____ ○

November

To-Do List & Goals
- _____
- _____
- _____
- _____
- _____
- _____
- _____
- _____
- _____
- _____

Tue · Nov · 17
_____
_____
_____
_____
_____
_____
_____
_____
_____
_____

	1	3			9		8	
				6	3	2		
	8	2			5	3		7
4		5	7					8
	9						2	4
				4				
			3	2	9			
		1	9		6			
			4	7	8			

To-Do List & Goals
- _____
- _____
- _____
- _____
- _____
- _____
- _____
- _____
- _____
- _____

Wed · Nov · 18
_____
_____
_____
_____
_____
_____
_____
_____
_____
_____

1		5						2
8		6	4					7
	7						6	
	8	1		7	6	4		
			9		1			
			5		4		7	
	1				5			
6		3			8		1	
5			3				2	

To-Do List & Goals
- _____
- _____
- _____
- _____
- _____
- _____
- _____
- _____
- _____
- _____

Thu · Nov · 19
_____
_____
_____
_____
_____
_____
_____
_____
_____
_____

1			8	6		4		7
5			7		2		6	3
6	9			4			5	2
		9	6		7			5
	3							6
	7				3	9	1	
	4					3		
3			9			5		
9								1

To-Do List & Goals
- _____
- _____
- _____
- _____
- _____
- _____
- _____
- _____
- _____
- _____

Fri · Nov · 20
_____
_____
_____
_____
_____
_____
_____
_____
_____
_____

	9		2	5		8	3	
				9			7	
	3				4			
1			4	7	5	9		2
	7					6		
9					6		7	5
					2		9	
2			7	3				
5	8				1	3	2	

November

Sat · Nov · 21

_____
_____
_____
_____
_____
_____
_____
_____

To-Do List & Goals

_____ ○
_____ ○
_____ ○
_____ ○
_____ ○
_____ ○
_____ ○
_____ ○
_____ ○

		5			9		2	1
9						6	4	5
4				6	1			
	9	6		3			7	
	1			2		5	9	
		7						
8		3	1	9	2			
1				4		8	6	2
				5		3		9

Sun · Nov · 22

_____
_____
_____
_____
_____
_____
_____
_____

To-Do List & Goals

_____ ○
_____ ○
_____ ○
_____ ○
_____ ○
_____ ○
_____ ○
_____ ○
_____ ○

7	4			9		8	1	2
		2		8	3	6		
8					1		5	3
	7				9		2	
2	9	8		5	7			6
				1	6	9	7	8
				3	8	7		9
					7		8	1
9					2		3	

Mon · Nov · 23

_____
_____
_____
_____
_____
_____
_____
_____

To-Do List & Goals

_____ ○
_____ ○
_____ ○
_____ ○
_____ ○
_____ ○
_____ ○
_____ ○
_____ ○

		1			9		7	
9	6	5					4	
			4					5
1		4		6		9		
8		6			2			7
	2			9				
	5		9	2	7	1		
	4	8		3				
			6			2	5	3

Tue · Nov · 24

_____
_____
_____
_____
_____
_____
_____
_____

To-Do List & Goals

_____ ○
_____ ○
_____ ○
_____ ○
_____ ○
_____ ○
_____ ○
_____ ○
_____ ○

			2		3		4	
		6	9					
3		9		1		5	7	
2								
9		8			5			
	7	5	3			2	9	
1			6			4		7
						3	1	
7			1					8

November

To-Do List & Goals
- ___
- ___
- ___
- ___
- ___
- ___
- ___
- ___
- ___

To-Do List & Goals
- ___
- ___
- ___
- ___
- ___
- ___
- ___
- ___
- ___

To-Do List & Goals
- ___
- ___
- ___
- ___
- ___
- ___
- ___
- ___
- ___

To-Do List & Goals
- ___
- ___
- ___
- ___
- ___
- ___
- ___
- ___
- ___

Wed · Nov · 25

Thu · Nov · 26

Fri · Nov · 27

Sat · Nov · 28

1	7			3	4			2
				7			4	9
4	9				5	3		
2		7			6			
	4		7					8
3			4	8			7	
	5		2			7		4
	2			3		7	9	6
				4			2	

9			8	4			3	6
			6		1			
	4	3	9		5	8		
	5				9		8	
			4	8			5	7
			3	5	2			4
		1	5		4	3	9	8
3			2		8			5
		5	1	9	3		4	2

						4		
				2	5			
		5		8		9		3
	6	7			1		3	9
							6	
	1		5			8		2
1					4	3	9	
	7	3	8	1	2		4	
				6		3		

	2			6	8		4	
					8		9	
		3	2		7			
5	3			7	4		8	
8			1				5	
		4		8		9		
					1		7	9
1				4			6	
		9	7	5		1		8

November

Sun · Nov · 29

_____
_____
_____
_____
_____
_____
_____

To-Do List & Goals

_____ ○
_____ ○
_____ ○
_____ ○
_____ ○
_____ ○
_____ ○
_____ ○
_____ ○

Mon · Nov · 30

_____
_____
_____
_____
_____
_____
_____

To-Do List & Goals

_____ ○
_____ ○
_____ ○
_____ ○
_____ ○
_____ ○
_____ ○
_____ ○
_____ ○

Sudoku 1

				6		3		5
	3	8	5				2	
6				3				7
							8	
				4	3	7		
1	6			8	9		5	4
	8	9	3	1	7			
7								
		2	8			9		

Sudoku 2

	8	7				5	9	
				5		2		3
	2		6	9	4			1
			1	8				
9	1	8		6		4		5
2			4	7				
7			8			5		
3			5			2		
			9	2		6		

November - Month in Review

Notes

Notes

DECEMBER 2020

SU	MO	TU	WE	TH	FR	SA
		1	2	3	4	5
6	7	8	9	10	11	12
13	14	15	16	17	18	19
20	21	22	23	24	25	26
27	28	29	30	31		

December

To-Do List & Goals
○ _____
○ _____
○ _____
○ _____
○ _____
○ _____
○ _____
○ _____
○ _____

To-Do List & Goals
○ _____
○ _____
○ _____
○ _____
○ _____
○ _____
○ _____
○ _____
○ _____

To-Do List & Goals
○ _____
○ _____
○ _____
○ _____
○ _____
○ _____
○ _____
○ _____
○ _____

To-Do List & Goals
○ _____
○ _____
○ _____
○ _____
○ _____
○ _____
○ _____
○ _____
○ _____

Tue · Dec · 1
_____
_____
_____
_____
_____
_____
_____
_____

Wed · Dec · 2
_____
_____
_____
_____
_____
_____
_____
_____

Thu · Dec · 3
_____
_____
_____
_____
_____
_____
_____
_____

Fri · Dec · 4
_____
_____
_____
_____
_____
_____
_____
_____

Sudoku 1

							4	
3	6			9			2	
			3	4	2			9
	5			1				3
		6	5				8	
	2		8			7	5	
	4	2		8		9		
6	9			5		8		1
		5			3			

Sudoku 2

8			9		3	1		
		1	7				3	
9	2	3	5			8		
			6	7	4	5		
				8				
2			3					
5		2	4				8	
				2				6
4	1			6			5	3

Sudoku 3

4		3	1				9	
	5	2	4					
9	1	7						
2			7	8		6	5	
	6	8	9	1		4	7	
	7		5	6	2			
8		5	6		1	2	3	
	2					7		
			2	9	5		4	

Sudoku 4

		7		3	8	5		1
	3					8	4	7
					4			
		5						
	8							5
	7	3					6	
2		1		4	7			
				6			7	9
		8		5	3	4		

December

Sat · Dec · 5

_____
_____
_____
_____
_____
_____
_____
_____

							8	5
				5	9			
3			7		2	9		4
					4	6		2
	9		6		3	5	8	
					8			3
2	5		3	8			1	6
		4						
7								9

To-Do List & Goals

_____ ○
_____ ○
_____ ○
_____ ○
_____ ○
_____ ○
_____ ○
_____ ○
_____ ○

Sun · Dec · 6

_____
_____
_____
_____
_____
_____
_____
_____

4	5	6		1	9	7		
					7		1	
9			3	8	5			
8	4	3		5				9
5					8	1		
	6		7		4	3	5	8
7	8		6		2			
		5		4	1	6	9	
	9		5			8	2	1

To-Do List & Goals

_____ ○
_____ ○
_____ ○
_____ ○
_____ ○
_____ ○
_____ ○
_____ ○
_____ ○

Mon · Dec · 7

_____
_____
_____
_____
_____
_____
_____
_____

	4					3		
			2				9	
9		3	6	8	4	2		
	9	4			3	6	7	
6		7	9			1		
2			5	7	6			
			4	9		5		
	2	9					4	
		6	3	2	8			7

To-Do List & Goals

_____ ○
_____ ○
_____ ○
_____ ○
_____ ○
_____ ○
_____ ○
_____ ○
_____ ○

Tue · Dec · 8

_____
_____
_____
_____
_____
_____
_____
_____

		9	8					1
	4	2			1	6	9	
8		1			9	2	3	
	8				2		6	4
9		6						
7	1		6					5
				5		3	7	
						8	4	2

To-Do List & Goals

_____ ○
_____ ○
_____ ○
_____ ○
_____ ○
_____ ○
_____ ○
_____ ○
_____ ○

December

To-Do List & Goals
○ _____
○ _____
○ _____
○ _____
○ _____
○ _____
○ _____
○ _____
○ _____
○ _____

To-Do List & Goals
○ _____
○ _____
○ _____
○ _____
○ _____
○ _____
○ _____
○ _____
○ _____
○ _____

To-Do List & Goals
○ _____
○ _____
○ _____
○ _____
○ _____
○ _____
○ _____
○ _____
○ _____
○ _____

To-Do List & Goals
○ _____
○ _____
○ _____
○ _____
○ _____
○ _____
○ _____
○ _____
○ _____
○ _____

Wed · Dec · 9
_____
_____
_____
_____
_____
_____
_____
_____

Thu · Dec · 10
_____
_____
_____
_____
_____
_____
_____
_____

Fri · Dec · 11
_____
_____
_____
_____
_____
_____
_____
_____

Sat · Dec · 12
_____
_____
_____
_____
_____
_____
_____
_____

Puzzle 1

				2		9		1
			7				6	4
		4				8		
	5	9						8
6	3		9	8			7	
		2						
2		7						3
	9			3	6	7		5
		5			4	8		

Puzzle 2

2		8					1	
			7				2	9
	6	4	9	2	1	3		8
		5				8		1
				8	2			
		7					9	
			1	5			8	
6	8		2	3				
5			8		7	1		6

Puzzle 3

						7		
	6			2		4		
5		2		4		6		
8		9			6			
	4	1					6	
				9		3	8	
				2	1			7
7	1			6	4			2
	9			7	3			

Puzzle 4

		7		6				2
						3		
	2	9	5			8		
	6	4	9	2	3		5	
	9			6				3
1				7				
		4	3				9	
							8	
4	8		6		2	3		

December

Sun · Dec · 13

_____
_____
_____
_____
_____
_____
_____

To-Do List & Goals

Mon · Dec · 14

_____
_____
_____
_____
_____
_____
_____

To-Do List & Goals

Tue · Dec · 15

_____
_____
_____
_____
_____
_____
_____

To-Do List & Goals

Wed · Dec · 16

_____
_____
_____
_____
_____
_____
_____
_____
_____

To-Do List & Goals

December

To-Do List & Goals
- _____
- _____
- _____
- _____
- _____
- _____
- _____
- _____
- _____

To-Do List & Goals
- _____
- _____
- _____
- _____
- _____
- _____
- _____
- _____
- _____

To-Do List & Goals
- _____
- _____
- _____
- _____
- _____
- _____
- _____
- _____
- _____

To-Do List & Goals
- _____
- _____
- _____
- _____
- _____
- _____
- _____
- _____
- _____

Thu · Dec · 17

Fri · Dec · 18

Sat · Dec · 19

Sun · Dec · 20

December

Mon · Dec · 21

_____
_____
_____
_____
_____
_____
_____
_____

4	5		2			6	1	8
						2	9	4
1			8					
		8			6	3	4	2
		2				6		
7			6					
6	3				9			
2	4	9	5		8	7		

To-Do List & Goals
- ○ _____
- ○ _____
- ○ _____
- ○ _____
- ○ _____
- ○ _____
- ○ _____
- ○ _____

Tue · Dec · 22

_____
_____
_____
_____
_____
_____
_____
_____

	4	5		6	3			7
					2			
8	1				5	3		
5					7	4		8
		3	5		6			
7				3				
1			6	5				4
6		7	4		8	1		
	8	4	3	7	1	2	5	

To-Do List & Goals
- ○ _____
- ○ _____
- ○ _____
- ○ _____
- ○ _____
- ○ _____
- ○ _____
- ○ _____

Wed · Dec · 23

_____
_____
_____
_____
_____
_____
_____
_____

						4		
8	9	7				1		
			2		8	6		
		6		5				8
7		9		3				
	4			8		3		
			3	6	7	4		
5						1	7	
6	7		4			9	8	1

To-Do List & Goals
- ○ _____
- ○ _____
- ○ _____
- ○ _____
- ○ _____
- ○ _____
- ○ _____
- ○ _____

Thu · Dec · 24

_____
_____
_____
_____
_____
_____
_____
_____

				4	5	9		
	8		2		1	4		7
	4						6	2
6	9		3	2				1
7		8				3		
5	3				8			
4			9	6	2			
			7			2		6

To-Do List & Goals
- ○ _____
- ○ _____
- ○ _____
- ○ _____
- ○ _____
- ○ _____
- ○ _____
- ○ _____

December

To-Do List & Goals
- _____
- _____
- _____
- _____
- _____
- _____
- _____
- _____
- _____
- _____

To-Do List & Goals
- _____
- _____
- _____
- _____
- _____
- _____
- _____
- _____
- _____
- _____

To-Do List & Goals
- _____
- _____
- _____
- _____
- _____
- _____
- _____
- _____
- _____
- _____

To-Do List & Goals
- _____
- _____
- _____
- _____
- _____
- _____
- _____
- _____
- _____
- _____

Fri · Dec · 25

_____
_____
_____
_____
_____
_____
_____
_____
_____

Sat · Dec · 26

_____
_____
_____
_____
_____
_____
_____
_____
_____

Sun · Dec · 27

_____
_____
_____
_____
_____
_____
_____
_____
_____

Mon · Dec · 28

_____
_____
_____
_____
_____
_____
_____
_____
_____

December

Tue · Dec · 29

_____
_____
_____
_____
_____
_____
_____
_____

6		3		8	2		5	4
4		5			7			8
			4	5		6		
	7	6			1	4		5
	4	2	7	9	5	1		6
1		8					7	9
				7	9			3
	7				4	8	6	1
				1				

To-Do List & Goals

○ _____
○ _____
○ _____
○ _____
○ _____
○ _____
○ _____
○ _____
○ _____

Wed · Dec · 30

_____
_____
_____
_____
_____
_____
_____
_____

			1	3				
9					8	1	5	
	5		2			8		4
	3			6	4		8	
		9	5			2	3	7
				2			4	5
4							7	
5			3	9	7		1	6
1								

To-Do List & Goals

○ _____
○ _____
○ _____
○ _____
○ _____
○ _____
○ _____
○ _____
○ _____

Thu · Dec · 31

_____
_____
_____
_____
_____
_____
_____
_____

9	3			5				
8		7	1	6		4		
		4	8				6	9
7			9			3		
6					7			4
						9		5
		8	7	9			1	
				3				
		3	6	1				8

To-Do List & Goals

○ _____
○ _____
○ _____
○ _____
○ _____
○ _____
○ _____
○ _____
○ _____

December - Month in Review

Notes

JANUARY 2021						
SU	MO	TU	WE	TH	FR	SA
					1	2
3	4	5	6	7	8	9
10	11	12	13	14	15	16
17	18	19	20	21	22	23
24	25	26	27	28	29	30
31						

FEBRUARY 2021						
SU	MO	TU	WE	TH	FR	SA
	1	2	3	4	5	6
7	8	9	10	11	12	13
14	15	16	17	18	19	20
21	22	23	24	25	26	27
28						

MARCH 2021						
SU	MO	TU	WE	TH	FR	SA
	1	2	3	4	5	6
7	8	9	10	11	12	13
14	15	16	17	18	19	20
21	22	23	24	25	26	27
28	29	30	31			

APRIL 2021						
SU	MO	TU	WE	TH	FR	SA
				1	2	3
4	5	6	7	8	9	10
11	12	13	14	15	16	17
18	19	20	21	22	23	24
25	26	27	28	29	30	

MAY 2021						
SU	MO	TU	WE	TH	FR	SA
						1
2	3	4	5	6	7	8
9	10	11	12	13	14	15
16	17	18	19	20	21	22
23	24	25	26	27	28	29
30	31					

JUNE 2021						
SU	MO	TU	WE	TH	FR	SA
		1	2	3	4	5
6	7	8	9	10	11	12
13	14	15	16	17	18	19
20	21	22	23	24	25	26
27	28	29	30			

JULY 2021						
SU	MO	TU	WE	TH	FR	SA
				1	2	3
4	5	6	7	8	9	10
11	12	13	14	15	16	17
18	19	20	21	22	23	24
25	26	27	28	29	30	31

AUGUST 2021						
SU	MO	TU	WE	TH	FR	SA
1	2	3	4	5	6	7
8	9	10	11	12	13	14
15	16	17	18	19	20	21
22	23	24	25	26	27	28
29	30	31				

SEPTEMBER 2021						
SU	MO	TU	WE	TH	FR	SA
			1	2	3	4
5	6	7	8	9	10	11
12	13	14	15	16	17	18
19	20	21	22	23	24	25
26	27	28	29	30		

OCTOBER 2021						
SU	MO	TU	WE	TH	FR	SA
					1	2
3	4	5	6	7	8	9
10	11	12	13	14	15	16
17	18	19	20	21	22	23
24	25	26	27	28	29	30
31						

NOVEMBER 2021						
SU	MO	TU	WE	TH	FR	SA
	1	2	3	4	5	6
7	8	9	10	11	12	13
14	15	16	17	18	19	20
21	22	23	24	25	26	27
28	29	30				

DECEMBER 2021						
SU	MO	TU	WE	TH	FR	SA
			1	2	3	4
5	6	7	8	9	10	11
12	13	14	15	16	17	18
19	20	21	22	23	24	25
26	27	28	29	30	31	

www.ingramcontent.com/pod-product-compliance
Lightning Source LLC
Chambersburg PA
CBHW080545220526
45466CB00010B/3041